本书编委会

主　　编：乔　欣

编　　委：张德贵　范丙生

　　　　　李全会　周宝明

　　　　　牛军霞　张会芳

校　　对：张启才

天长久

商业信函集

乔 欣/主编

山西出版传媒集团

山西人民出版社

图书在版编目（CIP）数据

天长久商业信函集 / 乔欣编. ——太原：山西人民
出版社，2014.8
ISBN 978-7-203-08588-1

Ⅰ．①天… Ⅱ．①乔… Ⅲ．①皮革制品-商业史-史
料-晋城市-民国 Ⅳ．①F426.85

中国版本图书馆CIP数据核字（2014）第159119号

天长久商业信函集

主　　编：乔　欣
责任编辑：阎卫斌
助理编辑：王新斐
装帧设计：沈　楠　宋丽丽

出 版 者：山西出版传媒集团·山西人民出版社
地　　址：太原市建设南路21号
邮　　编：030012
发行营销：0351-4922220　4955996　4956039
　　　　　0351-4922127（传真）　　4956038（邮购）
E-mail：sxskcb@163.com　发行部
　　　　　sxskcb@126.com　总编室
网　　址：www.sxskcb.com

经 销 者：山西出版传媒集团·山西人民出版社
承 印 者：晋城市景潮办公用品印制有限公司

开　　本：787mm×1092mm　1 / 16
印　　张：15.5
字　　数：200千字
印　　数：1—4000册
版　　次：2014年8月　第1版
印　　次：2014年8月　第1次印刷
书　　号：ISBN 978-7-203-08588-1
定　　价：58.00元

前 言…

　　在商务活动中,自然离不开信件往来。不仅现在,旧时亦是如此。《天长久商业信函集》收录的天长久在民国年间的438封信函,即是例证。

　　整理这本集子,出于一个偶然的机会。笔者在研究我国近代皮金生产时,惊喜地发现了一批历史资料,包括晋城著名皮金字号"天长久"的信章、历年《清抄盘货单》、民国二十四年(1935)六月至民国二十六年(1937)底的《信底账》,"协义成"的《日行码账》《流水大账》,以及北京信远号、湖北三泰和、四川协盛丰等皮金代销商的回复信函等。资料中记载着皮金的生产品种、销售地域、成本核算、年底分红、往来账目、价格变动等内容,对于全面了解商号的经营状况,以及研究我国近代皮金生产有着重要意义。尤其是"天长久"的商务信函,不仅反映了商号的产品走向、销售渠道等情况,还涉及当时的时局变化、经济状况、历史地名、商业字号、气候变化以及邮政、银行、钱庄、交通、物价等诸多方面,弥足珍贵。同时,其经营理念及商业书信的写作,对于今天从事商务活动的人们也颇有借鉴意义。

天长久的信件为商业信函,包括恭贺信、询问信、推销信、确认信、提示信、收款信等类型。商业信函不同于文学创作。文学作品宜隐不宜显,忌直不忌曲,而商业信函以实用为宗旨,具有明确的商业目的。因此要求主题突出,观点明确;剪浮直陈,简明扼要;事实清楚,表达明白;实事求是,诚信为本;语气平和,以礼相待;结构严谨,用词准确等。天长久的信件正体现了这些特点。例如,鉴于商业信函往来涉及经济责任,故信函在答复对方订货要求时,将货物品种、产品价格、具体数量、发货日期、交货方式、折扣条件、结算方式等,都交代得一清二楚。即使对于老客户,也坚持"好兄弟,勤算账"的原则,把几元几毛都算得很清楚,以避免日后纠纷。鉴于商业信函是为促进双方经销往来,因此语气就显得十分重要。这些信函虽然不像文学作品那样讲究修辞,但仍可看出其措辞的功力。即使对方提出的要求不能接受,也用委婉的语气加以解释,以求保持良好关系,真正做到和气生财。尤其值得称道的是,信函非常注重语气口语化,尽量避免"生意腔",更多地体现了感性的一面。细读这些信件,给人的感觉不仅谦恭有礼,不卑不亢,而且就像朋友聊天那样简单而自然。这些书信尽管商业目的明确,但同其他书信一样,也是有情之物。红笺开处,人便"如面"。换位思考,拉近了彼此间的距离。金钱的背后,仍离不开一个"情"字。粗看枯燥乏趣,细品颇有味道。

天长久是我国近代皮金生产的代表性字号。它创始于清同治年间,倒闭于民国二十七年(1938),历经70年左右时间。虽然民国十八年(1929)易名天昌久,但在晋城,人们一直称之为天长久。故本书亦以"天长久"相称。这些商业信件,是天长久正处于衰落时期的信函。严格讲,只是信函的底稿或誊写的复件,是该号作为《信底账》而保留下来的。因此,在信件的书写时,虽然严格按照中文书信内容的结构,如称呼、启词、正文、酬应过渡等部分来写,但对信件尾段却做了另类处理:许多信件省了祝颂词,未署写信人姓名,将日期放在标题上。故提醒读者阅读时,注意这一点。为了加深读者对天长久及皮金的了解,将《天长久与晋城皮金》一文附录于后。

由于原稿非一人所书,部分地方字迹潦草,修改得较多,辨识起来比较困难,加之编者水平有限,难免出现这样那样的错误,敬请读者指正。

乔 欣

二〇一四年元月

凡 例…

1."天长久"的商业信函是以《信底账》的形式保留下来的,共收录信函438件。在整理中,本着尊重原貌的原则,将其全部收录,包括一封"未走"信件。北京信远号等皮金代销商的回复信函也是珍贵的历史资料,故亦收录其中,但不作正文处理,附录在"天长久"相关信函的后面。

2.商号为便于对信函的管理和查阅,信稿均列有标题,包括日期、收件人、收件人地址,有的还标明信函的邮寄类别,但也有的则作了简单标记。此次整理,仍以原顺序(以时间为序)排列,但对于标题则略作调整,如,标题上未署月份的加上月份,收件人统一调到日期之后。

3.信稿原为毛笔竖写,未加标点符号。现改为横排,并在断句后加入标点符号,繁体字全部改为简体字。

4.信稿中数字很不统一,有大写汉字、小写汉字,尤其是产品数量、价格等使用的非阿拉伯数字,而是旧时民间传统计账数码——表示数目符号的"苏州码子"(亦称"草码")。此次整理,一律改为小写汉字。

　　5.为了便利读者阅读,书信中的异体字和假借字多改写为通行字,难以辨识字以一字一"□"标明。对信函中的错字、漏字均作了改正。改正方法与符号为:错字别字,在原字后面加"()",在括号中补入正字;漏字,在遗漏部位加"[ ]",在[ ]中补入漏字;衍生字,在该字右上方加"×"号,表示应删去。

　　6.1949年前的纪年沿用历代朝代纪年,注以公元年份。1949年后用公元纪年。

　　7.为方便读者,对部分难懂的名词术语、地域方言,以及涉及的一些重大历史事件和旧时商业信函的挪抬、侧书等书写方式等,加了简要注释。注释附于各篇书信之末,并分信编号。后面重复出现的不再加注释。

目 录···

民国二十五年(1936)

民国二十六年(1937)

附 录

天长久信章①

泽郡天长久信:本号开设泽州府南关黄华街②,路西西蔴市店北首门面坐西朝东便是。自造羊皮真金。广庄、苏庄、汉庄皮金,贴佛、飞金、赤金俱全,早晚不误。本号做货,不惜工本,以图久远,各省驰名。近有无耻之徒私将低货假冒本号招牌字号欺骗客商。认明本号印票图书为信。凡□士商赐顾者须认本店图章为信,庶不至(致)误。

注:

①此信章长20.7厘米,宽12.9厘米,厚1.9厘米。除文字外,后有字号设计的图标。发货时,在包装箱上盖此信章,以示真货。

②黄华街:晋城27家皮金商号全部集中在此街,为我国清代和民国时期的皮金生产集中地。

民国二十四年

Minguoershisinian

（1935）

阴历六月初八日 ◎致新太记

新太记诸大执事先生台览[1]：前日接奉手谕，敬悉种切。承蒙兑申之款于今照信收讫，望勿锦念为幸。再报现下金子价稍松，故敝号之货亦相继减些，每千张只三十二元。知关久交，特此报闻。余事后函。

注：

[1] 称谓是商务信函必需的一项，一般单独成行，顶格书写，后再用冒号。由于此信函集为信件底稿，非正式书信，故未严格按照信件格式进行排列。

六月初八日 ◎致裕兴泰

明片[1]

裕兴泰台览：前奉手谕敬悉。蒙代兑申之款于今如数收讫，望祈勿念。分神之处，不胜感激于五中矣。余事再述。

注：

[1] 明片：即明信片，为《中华民国邮政法》规定的邮件种类之一，各局互寄邮资二分半，乃普通信件的一半。

六月十七日 ◎致罗鸿泰

罗鸿泰台览：久疏函候，渴念良甚。启者，兹因此地生意寥寥，日久不见起色，因而号中甚是拮据。又兼银根奇紧，实难维持，无奈惟有恳乞阁下垂怜，周济一步为感。今敝号①开有兑票永合顺一百五十元正（整），仰祈不日见票，五日交款，以济燃眉。蒙添货者，祈即示明为幸。再报咱处甚旱，[棉]花、秋[粮]均未得种，刻闻翼城初五[始]连降雨数日，咱处想必然落透，亦祈得知可也。

注：

①原稿中提及"敝号"、"小号"、"敝"、"弟"时，多采用侧书。这是用来表示谦逊的一种书写形式，在书信行文中，凡写到自称或与自称有关的事物时，想表示提及这些内容时的谦逊态度，则将有关这些内容的词语做侧书处理。侧书即不正书，以表不敢居正之意，竖行的侧书写在行中右侧，字略小于上下文字；横行的侧书写在行间的上侧，字略小于前后文字。

六月二十二日 ◎ 致协盛丰 四川成都西东大街七号

协盛丰宝号吕秀山仁哥大人台览:相交知厚,套言不陈。启者,顷奉瑶函,敬悉阁下①新创大业,弟不胜欣慰之至。今特遥为拜祝,恭贺新张之喜。但阁下向来精明强干,交游皆广,此次创立新业,定能大展鸿才,以创万世之业矣。今承要货二筒,弟即赶造,不日陆续邮上不误。如销货在即者,请先向义庆生取货暂应门市。

注:

①稿中遇"阁下"、"兄"等将要表示尊敬的词语,多采取挪抬的形式,即在原行中与上文空一格写。后同。

六月二十二日 ◎ 致义庆生 四川成都西顺城街六十五号

子明先生台览:前呈芜函,谅早收阅。启者,弟顷接协盛丰吕秀山来信,添小号之货,弟因不得该号底细,仰恳视字请将该号情形究竟如何,详细速来一函。或我兄独家销售敝号之货,弟亦不胜欢迎之至。再有前款并恳于出月间掷下,以济急需。再将烟叶邮来五件为盼。种种分神,容后泥首。

又批,款兑上海天后宫西祥裕公内集全顺转敝号为妥。

六月二十八日 ◎ 致新太记 福州南台大岭顶

新太记:前蒙发来栀子,已用去多数,尚存不多。再拜恳代购约二百斤,请即邮下以济缓急。该款几何,乞暂垫一步。后倘蒙要货多寡,仰乞速为赐知是荷。诸翁分神之处,已铭感五内矣。

七月初三日 ◎致老忠兴 江苏镇江西门外天主街

老忠兴宗淮仁兄台览：前奉手谕敬悉。承蒙兑申之款，不料集全顺申庄客早已返里，无人理事，故至今款未收到，想必退回镇江无疑。再恳分神，兑上海天后宫西祥裕公内寓锦全昌，另致函该号，转下晋城敝号甚妥。又①，蒙赐明故乡情形，感甚。近闻前日又降天雨，将来小秋接麦大有希望。

注：

①原稿中又启时，"又"多采用侧书。

七月初四日 ◎致义庆生 航空

义庆生览：前呈之函，谅早入目。今奉大札，欣悉种种。蒙云及巴蜀情形，实是吾人民之幸福，国家之祥兆，令人喜慰。恭祝升平！再承添货，现下正在赶造，俟后准即陆续照寄不误。再报此地安靖，雨水调匀。惟生意寥落不堪，甚是困难，又兼银根奇紧，周转不便。不独小号一家如此，各业均属同病，真乃使人可叹，亦无可如（奈）何。再，尊处之款，万恳我哥准于阴七[月]二十由川起兑一千元，兑费多少小号担任。弟已与锦全昌言定准八月初十在上海提款，实济弟水火之急，不胜感激，后将衔结以报。此次款兑上海天后宫西祥裕公内寓锦全昌便妥，兑后请速先赐玉音，以免渴念。

七月初四日 ◎致恒兴祥 江苏扬州马市口

恒兴祥台览：久疏笺候，渴念良深。启者，前呈芜函，未蒙遂复，念甚。刻因敝处邮局极其便利，邮货则能代收货款，此举两全其美，实为商便。敝号念及主顾起见，特此报闻。再，现下货价，小皮金每千[张]三十四元，大皮金每千[张]六十八元。邮费一切货费，小号自为担任。倘蒙有意者，乞即赐知，以便照寄。货到即向邮局交款提货，实为两便。

七月初五日 ◎致罗兴泰 上海法租界兴圣街

吉 亭

台览:久疏笺候,渴念良甚。启者,兹今春以来未蒙下顾,念甚。弟想秋后八九月间,正是生意起色之际。弟不揣冒昧,特发上货二件计一万张,至祈检收,以备售用。万望赦弟冒(贸)然之罪,则感盛德矣。弟素知我兄义重如山,你我亦称莫逆,决不见弃。分神之处,弟已铭感五内。再后如货不足消(销)售者,请随时赐明为盼。再报咱处于六月初间天降大雨三四天,人民欢悦,各安农事,晚秋甚佳无疑,唯棉花、早秋无望。可叹现下粮价九元之谱,秋五元,分易五千有另(零)。近日雨水不短[1],陆续下降,堪以告慰。望祈勿念为幸。

注:

①短:晋城方言中将"缺"、"欠"称之为"短"。

七月初五日 ◎致裕兴泰 江苏常州钟楼大街

厚卿仁兄台览：久疏修字拜候，甚以为念。启者，弟思秋后恰逢生意起色之际，今特先寄上货一件计五千张，至祈台收，以备应用。今有上海罗兴泰货二件，恳祈收转为感。种种劳神费力，甚觉不安，俟秋后再为趋前泥首。

七月初八日 ◎致罗鸿泰 上海法租界吉祥街

罗鸿泰润生先生台览：启者，兹弟窃思秋季已临，货物不日恰在畅消（销）之际，故特先与宝号发上货二件计一万张，至祈检收，以备售用。弟素知阁下慷慨重义，故不奉命斗胆冒（贸）然从事，恳乞恕罪，则感德无涯矣。以后货不足消（销）售者，祈随时示知为盼。种种劳驾分神之处，后当衔结以报。再报咱处于六月初间天降大雨三四天，四民欢乐，各安农事，晚秋甚茂无疑，惜棉花、早秋无望。可叹现下粮价九元之谱，秋五元，分易五千有另(零)。又近日雨水不短,陆续下降,堪以告慰,祈勿系念。再,已闻各处邮政关税等取消,不知申地如何? 望祈打探咱货能否直接寄申,望后信赐明。

七月初十日◎致义和皮号 汉口打铜街 明片

义和皮号昌升仁兄大鉴:知己不套,剪浮直陈。启者,蒙添之货,今邮上一件,计六千张。价目每千[张]十元外,邮费等收二元四毛,共合洋六十二元四毛。望祈入册为感。再以后货造成,陆续寄奉可也。

七月十一日◎致万祥发 汉口龙王庙下首王家巷口三七八号 明片

万祥发宝号台览:恭祝生意兴隆,财并日增为颂。启者,顷奉大札,敬悉种种。承蒙下顾,欲代小号推广营业,无任欢迎之至。惟现下货价每千张十元,邮费在外。如蒙光顾者,望祈速即赐复,以便如命照办不误。

七月十六日◎致协盛丰 四川成都西东大街七号

协盛丰秀山先生台览:前呈之函,谅早收阅。蒙要之货,现已加紧造成,今即交邮寄上一筒计六千张,三十五合①大洋二百一十元,外加邮费包裹等四元,至祈入册。再,有货正在赶造之中,后日成就,即为寄奉不误。

注:

①三十五合:即每千张按三十五元合洋。原稿中这类词语很多,多以千张合,亦有以万张合或百张合。

七月十八日 ◎ 致罗兴泰

吉亭仁兄大人台览：前呈之函，谅早投前，并发去货一万[张]想必收到。恳乞极力受劳为感。再，敝号成都有款，现下兑费稍大，因此不便兑回。今特请求我兄劳步，在申、川帮托友，能否将款兑申？汇费如何？询明一切详细，赐一玉音。如相宜者，小号再为开票，寄去不误。万望在心分神，后即趋前泥首可也。

七月十八日 ◎致新太记 明片

新太记大鉴:前函恳代购栀子一事,谅蒙金诺不弃。刻因小号使用在即,故特奉函拜恳分神,从速寄下,以备急用,是为至感。再蒙添如货多少乞即赐知,当即照寄不误。种种劳神,实于心不安,后当补报可也。

七月十八日 ◎致百义通 河南郑州南街福中兴内 又广州市晏公街豫业祥栈内百义通收货

百义通协卿仁兄大鉴:前奉手谕,敬悉种种。蒙委往广寄货一节,因敝号广庄①[皮金]前已售罄无存,又现下棉(绵)羊皮极缺,贵贱无货皮。敝意为山羊皮亦可,成色、尺码不分上下,敝处亦有别家作此宗货在广销售,亦不分彼此。惟每千张价九十元。小号不敢冒(贸)然从事,特奉函请示定夺。望祈裁酌,速赐玉音,以便遵办不误。

注:

①广庄:即广庄皮金。晋城皮金按主要销地分为广庄金、苏庄金、汉庄金、川庄金。

七月十九日 ◎致万祥发

万祥发宝号台鉴：昨接来信，敬悉。惟有货价一层，相差不多，邮费亦有限，均如尊命，小号认可不违。素来虽未直接相交，确是简接久交，小号无不默感以图久远之计，今亦不来往通函以免误事。刻与贵号发上货一件计六千张，九十八合洋五十八元八毛，至祈备款提货可也。如后蒙添货者，恳随时示知为感。再者，今拜恳列位先生抽暇在贵地打听最好栀子、鱼鳔①时下价目如何，请赐明。

注：

①栀子、鱼鳔为制作皮金必用之辅料。

七月十九日◎致老忠兴

老忠兴宗淮台览:前接明片,敬悉。惟款子早已收讫,前亦报闻矣。再,现下秋季不日恰在销货之际,弟[恐]兄处存货不足销用,今交邮寄上二件,计大皮金两千、小皮金六千,共合一万张,至祈检收。劳神极力推销,是所至感,弟后日趋前泥首。

七月十九日◎致协盛丰

协盛丰秀山兄鉴:日前寄呈一函,并邮上货一筒,已在途中,至祈检收可也。昨接航函敬悉,货物后日造成,陆续交邮不误。再,今敝号开有兑票,永合顺大洋二百元正(整)。后日见票,迟六日恳照交为感。如此源远长流,两方便利。

七月二十日◎致王英俊 河南济源东添浆三兴太转绮南社

王英俊先生鉴:去冬蒙销敝号之货谅早脱手,该款至今半载有余未见赐下,敝号望眼欲穿,不知是何缘故?区区之事,本不应函催,奈时间太久,仰祈速为兑来,以济急用。异日晤面,即当泥首可也。

七月二十八日 ◎ **致义和号　明片**

义和号鉴：前接手谕敬悉，但货价准如台命，依汗（汉）市九十八元计算不违。如货脱手，请即示知，或添货多寡，即为照发。再，款项不日开兑。

七月三十日 ◎ **致新太记　明片**

新太记鉴：顷奉手谕敬悉，已蒙金诺代购栀子，感甚。如不齐备者，恳先从速陆续寄来稍许，以备急用。盛情后当补报。

八月初三日 ◎ **致万祥发**

万祥发台览：昨奉台谕，敬悉。蒙来之款今已收明，望祈勿念。惟货价一节，今多蒙指教。现下生意恰在争竞之时，小号方才了然，不得不跌其价。一则谨遵台合，二则以免落人之后，实系宝号金石良言，已感隆情于五中矣。后日准按九十二元计算。今附上金数种，至祈台阅。再仰恳诸翁分神，将最好栀子购十五斤，鱼鳔一斤，请交邮发来。共该洋多寡，乞来信赐明，暂垫一步，后蒙添货者再为扣除可也。但邮运请从[速]为妙，以济急用。劳驾之处，后当补报。附上：擦黄①每千[张]二十四元，银双料二十三元五毛，四号十五元。

注：
①擦黄：皮金品种之一。

八月初八日 ◎ **致罗兴泰**

罗兴泰鉴：顷奉手谕，敬悉。蒙云及货价一层，本不敢违令，实因现下已侵血本边境，甚属困难。谅我兄高明，必洞悉其中苦衷。兄弟向来莫逆，决（绝）不敢诈言妄诉耳。不过待弟后日至申结账时，略让稍许可也。

八月初八日 ◎致义庆生 航空

义庆生子明先生台鉴：前呈航空信，谅早收阅。前请求兑款一事，不日已届约期，亦未接得尊函，心中万分焦燥（躁），时刻不安。实因敝号周转困难，已在该号使用千元，约期兑款，现下不知尊款是否兑出？倘无兑出，请我哥火速电兑，以解弟之倒悬，则感大德矣。货物不日造齐，即邮不误。再，款兑出，恳速赐航空信为盼。

八月初十日 ◎ 致协盛丰

协盛丰台览：前呈之函，另有兑票，谅必一并收阅。昨日交邮寄上货一筒，计六千张，合大洋二百一十元，外加邮费包裹等四元，至祈入册。再有货物，后日造成即寄不误。

八月初十日 ◎ 致百义通

百义通鉴：今奉手谕，敬悉种种。蒙添之货，早已遵前函办理，货物正在赶造之中。现值匠人田忙之际，约近二十方能成就。届期敝号有人往上海之便，遂将货送郑不误。阁下一番盛情极力栽培，敝号已默感五中，后当衔结以报。余事后日面谈。

八月十五日 ◎ 致新太记　明片

新太记台览：顷奉手谕，敬悉种种。蒙发来栀子十三件，收讫。所垫之款，已照存入尊册，祈勿锦念是幸。一切分神，深感大德无涯。再蒙添货者，望即赐知为感。

八月十八日 ◎致万祥发 明片

万祥发大鉴：昨奉手谕，敬悉一切。承发来栀子等物一件，今已收讫，望勿锦念。蒙代垫之款，亦存入尊册。分神之处，深感大德。

八月二十三日 ◎致新太记 明片

新太记台览：前呈明片，已在途中。今接大章，敬悉种种。蒙委交仁义永之款，即遵命如数交清，望祈视字勿许远念。

九月初一日 ◎致义和号 明片

义和号宝庄台鉴：启者，前接华翰，领悉。欠敝号之货款一层，因敝号用款紧急，祈宝号提念一步。后首若有兑项，与台兑去，照交为盼。余言后详。

九月初一日◎同兴元 明片

同兴元宝号大鉴：久疏笺候，渴念良深。兹因前寄汉地皮金，约欠小号货款大洋三十元上下之谱。因小号用项再(在)急，后首若有兑项，与宝号开上，见票照交为盼。余言后详。

九月初四日◎致义庆生 航空

义庆生子明仁兄大鉴：前呈航空之信，谅早收阅。今阴八月二十接来尊信，内云领悉。兄云约定准期，九月内由川起兑申大洋一千元整，不知我兄尊款是否兑出？倘无兑出，请我哥火速电兑，以解弟远念矣。实是弟前在申锦全昌使用款一千元整，约期八月初十日上海提款。自(至)今未见交到此款，交①弟实无[法]兑(对)待申锦全昌。祈我兄火速兑申，千万不可再误，以济弟水火之急。至于见光之处，弟后补情。兑费多少，有弟担负。再者，我哥与弟推广生意，独家销售皮金，弟无不欢迎，遵命兄一家销售，决不让吕秀山销金。至于寄川之皮金，正在赶造之中。因收秋之时，匠人田忙之季，约近方九月十五日交晋邮局，与兄寄去皮金数筒，以免耽误生意。祈兄火速来一航空信为盼。余情后详。

注：
①交：晋城口语中将"让"、"叫"读作"交"。

九月初四日◎致协盛丰

协盛丰秀山我哥大鉴：前呈之函，谅早收阅。阴八月初十与兄寄去皮金一筒，计数六千张，想该收到否？再者，前阴七[月]十九，敝号开有永合顺兑票大洋二百元，祈见票照交为盼。亦不见来信叙明，敝号甚为远念。正再（在）写信之时，匆接来信，内云皮金之价每千[张]按三十三元计算，敝号不敢负责。现在何君往上海销货，待何君返号之事（时），亦可通融活办。再有货物，后首造成即寄不误。余情后详。

九月初十日◎致玉峰 苏州穿珠巷罗鸿太①交 第一号信

玉峰兄先生台览：前接挂号信二封领悉，并甬（附）有申锦全昌收条一纸，业已将款照数收妥，祈勿锦念。再者，后首兑申款之时，来信将兑款汇费详明，以免晋城集全顺付咱款加汇费之故。前兑交之款，号内付与集全顺汇费洋四元，若兄在申付过汇费来信提明。后二三日，交邮局寄去皮金二件，内计大皮金一千张，小皮金八千张，共合一万张②。此回小皮金多点，后寄货可多寄大皮金。祈兄达知。四川之款，号内去信催讨，交申锦全昌收。余只（则）后详。

注：

①罗鸿太：即罗鸿泰，此处指该号在苏州之分号。

②大皮金一顶二小皮金，故以小皮金合计。

九月十一日 ◎致义和号 汉口打铜街

义和号皮庄台鉴：敬启者，前奉明片，谅必早收到否？兹因小号今兑收到敝处永合顺大洋六十元，与伊立有兑票一纸，该号将票转使到汉，祈宝号见票照交为盼。交给之后，速来回音。再者，宝号后首添货来信叙明，小号速发不误。余言后详。

九月十一日 ◎致万祥发 汉口

万祥发宝号台鉴：启者，交易厚道，剪浮直陈。兹因昨接华翰，领悉。所购之货，正再（在）赶造之中，后（候）一星期准交邮寄上不误。大黄皮金前信按实价每千张价洋二十四元，大银双料皮金每千张价二十三元五毛。宝号云减价一层，本不应减，乃与宝号交往厚道，不得不遵命。后首寄大黄皮金每千张价洋二十三元五毛，大银双料皮金每千张价洋二十三元。再者，前托宝号购头鱼鳔及枝（栀）子价洋若干，来信提明。因所开之发票，不甚清楚，祈台见草速赐来回音。余事后渎。

九月十四日 ◎玉峰 第二号信

玉峰兄先生台鉴：前日寄呈一信，想该收到否？今又接三号信并明信片，尽悉。号内准与上海罗鸿泰寄皮金一万，今交邮寄上五千张，内计大皮金五百，小皮金四千。俟五六日速寄申不误，均是天昌久。再者，前信报寄常州裕兴太货二件，未有寄上，祈为达知。再者，前日三盛正返号，与兄捎家大洋二十元,祈兄勿念。再报,成都之款亦是难靠,号内之事,万望兄一人为难,再(在)外收款。再报,号内苏庄皮金速速做造,如有售主,速来回信,寄上不误。余事后报。

九月十六日 ◎致百义通 郑州城内南大街大盛昌行内

百义通协卿仁兄台览:相交至厚,剪浮直陈。启者,今接华翰,各情领悉。兄台与小号创广东销场,小号无不欢迎。兄台云造山羊皮广庄金八千张,小号遵命速为赶造不误,将货做成照寄广东为妥。再者,前寄广东皮金四千张,收妥之时速来回音,以免小号远念矣。余只(则)后详。

九月十六日 ◎致万祥发 汉口龙王庙河街小王家巷口三七八号

万祥发宝号大鉴:启者,前呈一信,谅早收到否?今小号交邮与宝号寄上皮金一件,共计大洋六十元零一毛。内付(附)上清单一纸,照单收货为要。收妥之时,速来一回音。至于货款,除宝号前寄来枝(栀)子、鱼鳔价洋若干收清,下余之款与小号购买鱼鳔四十斤,交邮寄来为要。该款多少,来信详明,后首结算。至于鱼鳔,速速寄来,以济急用。余言后详。

九月十七日 ◎致玉峰 苏州穿珠巷罗鸿太(泰) 明片

玉峰兄见知:前奉信二支,想该收到否?今交邮与上海罗鸿太(泰)寄上皮金一件,内计大皮金一千张,小皮金三千张,二次共寄申罗鸿太(泰)皮金一万张。祈兄达知。余言后详。

九月二十一日 ◎致百义通 郑州城内南街大盛昌行内

百义通宝号协卿仁兄台电:迳启者,前呈一函,谅该收到否?今又接华翰领悉,云山羊皮广庄金减价一层,本该遵命,乃因金子价大,羊皮亦涨价,每千张按九十元计算亦亏血本,谅我兄高明必洞悉。兄台与小号创广东销场,小号无不欢迎。祈兄台见草斟酌,如合尊意,按九十元计算,速赐一回音。小号速速做造山羊皮广庄金八千张,以免耽误生意。兄台云通融活办,小号无不遵命。后首金子价少,小号遵命减价,决不失信。祈兄阅展速来一回信为盼。余言后详。

九月二十四日 ◎致义丰廷 河南新野县城内

义丰廷宝号大鉴:交易厚道,剪浮直陈。敬启者,兹因今接华翰领悉。小记交邮与宝号寄上净黄砖金一百张①,二十四合大洋二十四元,又计邮局寄费洋三毛,二宗共计大洋二十四元三毛。祈台着邮局收货为盼。收妥之时,赐一回信,以免远念。至于货款,即速兑来为盼。余言后详。

注:

①净黄砖金为皮金中档次最高的品种之一,故以百张合价。

九月二十七日 ◎致义盛永 湖北谷城县五发街祈交

义盛永宝号克贤仁兄台鉴:交易厚道,剪浮直陈。启者,兹因今接华翰,各情领悉。并邮局汇来大洋三十八元,业已收妥,祈勿锦念。小记适时交邮与兄台寄上西净黄金①二百张,十八合洋三十六元,又计邮局寄费洋七毛,前账欠小记洋一元三毛,此三宗共计大洋三十八元。再者,小记皮金本来涨价十九元,念起与兄情深意厚,只得遵前账。祈兄台着邮局收货为盼。收妥之时,速来回信,以免远念。余只(则)后详。

注:

①西净黄金,即用西皮所做的净黄皮金。净黄是皮金中档次较高的品种之一。

九月二十七日 ◎致玉峰 苏州 第三号信

玉峰兄先生台鉴：前呈明片，谅该收到否？今又接四号信一支，领悉。并邮局寄来包裹一件，业已收妥，祈兄勿念。再报郑州百义通之款号内收妥。又报成都协盛丰前兑永合顺洋二百元，今已将票退回。再报成都义庆生亦未来信。号内之事，实在困难。祈兄在外一人为难，收款速为兑号，以济急需。再报苏庄皮金速造，若有售主，速为来信。余只（则）后详。

九月二十七日 ◎致协盛丰 成都西东大街七号交 单挂号

协盛丰秀山卿兄大鉴：交易厚道，套言不叙。启者，前呈草函数支，谅我兄早收到否？兄台来信，发川皮金一层，弟遵命与兄二次寄上川庄皮金二筒，想我兄早收到否？再者，弟阴七月十九日开有敝处永合顺兑票一纸，计大洋二百元。该号将票转使到成二月之谱，兄台不交此款，将原票退回，不知我兄是何缘故？据兄台来信云，款一层属次兑交，弟亦遵命照办，为何开上兑票不交，是何情形？弟不甚明白。今奉草函，领兄台云教。然弟兑（对）友做事最讲信实，为何兄这样而办？交弟莫明其故耳。祈兄台见草斟酌，念朋友之交，速为将款兑交上海天后宫西祥裕公内寓锦全昌收，大洋四百元转兑敝号为盼。兑款汇费多少有弟担负。后首添货，来信叙明，弟照寄不误。祈兄见草，火速赐一航空信为要。余言后叙。

九月二十七日 ◎致义庆生 四川成都西顺城街六十五号 单挂号

义庆生宝号子明仁兄大鉴：交易厚道，剪浮直陈。启者，前呈航空信数支，谅该早收到否？兄台来信，约定准期，阴九月内由川起兑申庄锦全昌大洋一千元,至今未见接(汇)来。兄台汇申款之信,交弟心中万分焦急,时刻不安。实是弟前在申使用锦全昌大洋千元,约期八月初十日上海提款。至今一月有余天,申庄锦全昌来信催讨,未有收到此款,交弟实无法兑(对)待申锦全昌。然弟兑(对)友做事最讲实信,相隔数千里路程,若实(失)信容,交弟心中甚觉不安。至于弟之困难情形,谅我兄高明必洞悉。祈兄若将款兑申,速赐回音;如若未兑,祈兄火速着中央银行兑申,万勿再误,以免与兄实(失)信容。祈兄见草,火速赐一航空信为盼。千万盼切,以免弟远念矣。至于皮金,遵兄之命,一家销售,弟决能与兄不收信实,祈速来信为要。余言后详。

十月初二日◎致百义通　郑州城内南街大盛昌行内

百义通协卿仁兄台安：启者，今接华翰领悉，小号遵命速造广庄皮金八千张，迟三五日交邮与兄寄广东皮金一件，计数四千张，祈兄达知。云货款一层，本该遵命，因小号现在生意不佳，谅我兄高明必悉。至于货款，迟期一个月为限，兑郑照交为盼。将货寄广东之时，另信报知。祈兄速来回音。余只（则）后详。

十月初二日◎致玉峰　苏州穿珠巷　第四号信

玉峰兄先生台处：启者，前呈一信，谅该收到否？今又接明片领悉，云与常州裕兴泰寄协义成①货一件，因号内刻做是天昌久货，今交邮与常州裕兴泰寄上皮金一件，内计天昌久大皮金一千张、小皮金一千张，协义成小皮金二千张，共合五千张，祈兄达知。再者，号内今接百义通来信云，造山羊皮广庄金八千，至款期两个月为限，付交号内，速造。万恳兄兑款为盼。余者后详。又批，后首与孙孝德捎来黑裙子一条，颜色要新鲜的，价洋比前裙子大点亦可也。

注：

①协义成：晋城皮金字号。

十月初五日◎致玉峰　苏州穿珠巷　第五号信

玉峰兄先生台安：兹因前呈一信，谅快收到，今又接单挂号信一支领悉。号内交邮与申罗兴泰寄上皮金一件，内计大皮金五百张、小皮金四千张，是天昌久货。后（候）五六日再交邮与申罗兴泰寄上皮金一件不误。此回寄申小皮金多点，后一件可多大皮金。再报与孟瑶台购来航空券十条收妥，祈兄勿念。再报号内用款再（在）急，祈兄速兑款为盼。余只（则）后详。

十月初五日 ◎致万祥发 汉口龙王庙河街小王家巷口三七八号

万祥发宝号台鉴:交易厚道,剪浮直陈。启者,前月十六日与台寄上皮金一件,谅该早收到否? 挂号收据,小号收妥。前托台号与小号购买来顶好鱼鳔四十斤,想该买妥否? 速交邮局寄来,以济小号紧急用项,千万不可再迟。用款多寡,来信详明。小号后首泥谢为祷。祈台见草速来回信,以免远念矣。余言后详。

十月初八日 ◎致万祥发 汉口

万祥发宝号台鉴:启者,前呈一信,谅该收妥否? 今又接台华翰,并邮局汇来之款及鱼鳔,业已照数收妥,祈勿锦念。劳神之处,小号后首泥谢为祷。如台后首添货来信详明,小号速发不误。余事后详。

十月初九日 ◎致玉峰 苏州穿珠巷 第六号信

玉峰兄先生台安：前呈一信，谅该收妥否？实因号内困难无法，今兑收咱处永合顺大洋一百元，开有兑票一纸。该号将票转使到苏州，祈兄照交，交给之后来信提明。后（候）三五日，与申罗兴泰寄上皮金一件不误。余只（则）后详。

十月十二日 ◎致百义通 郑州城内南街大盛昌内

百义通宝号协卿仁兄台安：前接华翰敬悉。今小号交邮与宝号寄交广东晏公街豫业祥栈内交宝庄收山羊皮广庄金一件，计数四千张，九合洋三百六十元，又计邮局寄费洋四元，二宗共合洋三百六十四元。祈兄达知，速与宝号庄上奉信着邮局收货为要。收妥之时，速赐回信。下余广庄皮金四千[张]，做妥之时，照寄广东，暂存敝号。祈兄速赐回音为要。

十月十二日◎致义庆生 四川成都西顺城街六十五号交 航空

　　义庆生宝号子明仁兄台安：启者，前呈信数支，谅该早收妥否？祈兄兑交申锦全昌大洋一千元，不知我兄兑交否？亦不见来信，交弟心中万分焦急，时刻不安。祈兄若无兑交申，乃拨交成都暑袜街豫泰恒栈内交联怡长宝号收亦可也。交给之后开一收条，着信汇来为要。祈兄见草，速来回信。

十月十二日◎致协盛丰 成都西东大街七号交 航空

　　协盛丰秀山我哥台安：启者，前呈信数支，谅该早收妥否？祈兄兑交申锦全昌大洋四百元，不知我哥兑交否？亦不见来信，弟甚为远念。乃（仍）无兑申，乃拨交成都暑袜街豫泰恒栈内联怡长宝号收亦可也。交给之后开来一收条，着信甬①来为妥。若兄后首添货，来信详明。余只（则）后详。

　　注：

　　①甬：信稿中的"甬"字颇多，疑为书写者或地方习惯用语，有附、寄、夹等多重含义。

十月十七日 ◎致玉峰 苏州穿珠巷 第七号信

　　玉峰兄先生台安：前呈一信，谅该收妥否？号内今交邮局与上海罗兴泰寄上天字号皮金一件，内计大皮金一千，小皮金三千，内有协义成小皮金一千，祈兄达知。再问兄前开上永合顺兑票一百元，交给来信提明。再者成都义庆生、协盛丰未有来信，此款难靠。咱号内约欠皮房之款一千五百元之谱，现在催讨。号内全望兄一人为难，收款速兑号内，以济急需。再报现在咱处市面不好，银根甚紧，城内华记银号闭门。余只（则）后详。

十月二十一日 ◎致百义通 郑州城内南街大盛昌行内

　　百义通协卿仁兄台安：启者，阴十月十二日呈上一函，谅该早收到否？小号前与宝号广东庄汇寄上皮金四千张，想快收妥。下余广庄皮金四千张约快做妥，照前寄广东暂存。小号祈兄见草斟酌，速赐回音，千万勿慢。至于货款，约期阴十一月间兑郑照交。祈兄速来回音为盼。余只（则）后详。

十月二十二日 ◎致万祥发 汉口龙王庙河街小王家巷口

　　万祥发宝号大鉴：交易厚道，剪浮直陈。启者，前接华翰尽悉。小记今交邮局与宝号寄上皮金一件，计数四千张，九十二扣洋三十六元八毛。祈宝号着邮收货为要。收妥之时，速赐回音。再者，接宝号来信，寄八折皮金六千张，刻未做妥，以免耽误时间，故而小记先配上四千张，祈宝号宽怀原谅，速来回信。余言后详。

十月三十日 ◎致玉峰 苏州罗鸿泰 第八号

玉峰吴先生台安 承周院有廿六日信来
单据口口信并支内云致达并甫有申
锦全昌收笔帐业已收讫秋另锦金据吴来
信云送晓一层秋吴相对之赐如爱乃可退
院吴因该口又皮房之敝约有壹千五多
文之谱为吾等一人在外奴铢莫凭秋兄
万不可早回院为外之赚没洁相讨外久
喻勤约有壹千、凡百元之谱再秋吴年
汉国收捂来吾吕颜我枚二捉馀吴雨漠

玉峰兄先生台安：兹因阴十月二十六日接来单挂号信一支，内云领悉，并甬（附）有申锦全昌收条一纸业已收讫，祈勿锦念。据兄来信云返号一层，祈兄将外之账收妥乃可返号。实因号内欠皮房之款约有一千五百元之谱，万望兄一人在外收款兑号。祈兄万不可早回号，将外之账设法收讨，外欠咱号约有一千八九百元之谱。再祈兄与陈凤岐捎来方乌木筷二十二把。余只（则）面谈。

十一月初二日 ◎致万祥发 汉口龙王庙河街小王家巷口

万祥发宝号钧鉴：前连奉尊谕，敬悉种切。蒙添各货，前今均已寄上，随附上发票一纸，望检收。前后共计大洋七十八元七毛。货到时望恳由邮局将款掷下，以济燃眉之急，是为至感。余事后述。

十一月初八日 ◎致百义通 郑州城内南街大盛昌内

百义通宝号协卿仁翁大人英鉴：自郑拜别之后，不觉两月余矣，甚以为念。启者，缘弟于上月二十七日由苏起程，二十八午夜抵郑，本该趋前请安，以践前约，实因同伴人多及行李多件，故未敢叨扰，随搭夜车北上，于初一日托庇平安到号，望祈勿念。如蒙有见教，恳赐玉音为盼。再，年关之难经（今）近，敝号窘迫情形及种种困苦，谅我翁早洞悉一切，不再陈诉。无奈今开有兑票一纸，注明永合顺通用洋三百六十四元整，期至阴历十一月十五日交付。仰恳见票至期交付，以解倒悬。种种恩惠不独敝东感激，及弟等同人无不默感盛情。再，款子付后，将票缴消，还乞赐一佳音为祷。下有货一件，候来示即发不误。余事后述。请候。

冬月二十九日 ◎致罗兴泰

吉亭大鉴：今有宁波汇丰源赵六也先生在此发售乌金纸，敝号已收用该号二百元，不日开上兑票二百元，彼随身带回。约腊月初十前后计（即）可到申，望祈见票之日交付为感。再报现下金子价涨不已，每两百二三十元。兄处存之皮金万不可贱售，恐皮金开春拟议加价。此不过预料，看后金子价如何，再定行止可也。

腊月初九日 ◎致罗鸿泰

辑五兄大鉴：今开上兑票永合顺二百五十元，仰恳见票迟三五日照交，以解倒悬，则感大德。再报现下金子价目飞涨不已，每两一百二十多元。皮金恐开春有增价之议。兄处存货，万不可贱售。

腊月十三日 ◎致罗鸿泰 明片

辑五我兄大人台览：前呈之函，谅早台阅，并兑票亦必照办。再，顷奉函谕，敬悉种切。蒙要之货，今直接寄上七千张，下余之货以后造出再寄。惟货万勿贱售，因金子增价不已，皮金不久亦照加增，前信已经报闻，谅早知悉。

民国二十五年

（1936）

正月初五日 ◎致万祥发 明片

　　万祥发台览:今特拜恳代购鱼鳔二三十斤,速交邮下以待急用。该款多寡,暂挪借一步,或蒙货或兑款奉赵谨候尊谕,照办不误。分神之处,感激已极。

正月十一日 ◎致万祥发 明片

　　万祥发台览:顷奉大札,敬悉种切。蒙添之货,如命照数配妥,即交邮上,到祈检收。惟有货价零数一节,既蒙起(启)齿,不过其数若微,亦不敢有所违命,以顾交谊。再,前恳代购鱼鳔二三十斤,仰乞从[速]为感。

正月十四日 ◎致三盛郁

三盛郁宝号宁德魁先生台览：相交至厚，剪浮直陈。启者，兹因敝号用皮在急，仰祈见字速即发来一包，以备应用。价目一节，或有涨落，后日随行就市，决不违命可也。余事后述。

正月十四日 ◎致百义通

协卿仁翁大人台览：前奉函谕，敬悉种切。蒙饬发货一层，因前存有现货，故遂即交邮发上四千张，邮费等包皮计洋四元，二共计洋三百六十四元。再，此次之货是前数月所存，但仍照原价可也。款项准阴历二月底再兑可也。再，阁下斥责敝号将货售给他人一事，此实前年冬季之事，想彼等尚未推完之故。以后既蒙宝号盛意，从中为力，已感情（激）不尽，决不行此无信义之事，以负雅意耳。

正月十六日 ◎致三盛正

支翁、德元二位大人台览：知己不套，剪浮陈上。启者，去冬蒙允给敝号之皮，已是感激。今拜三顺永与宝号兑上洋一百元，望祈往该号照活，大约本月底交款。再祈见信急速来信，以便凭信往乾保成抬皮。本号如能一包余亦可，祈为提明为盼。德盛正之款二月准交勿念，即清。

正月十六日 ◎致万祥发

万祥发诸翁先生台览：前寄之货，谅该收见。今接手谕敬悉。所叙鱼鳔增价一节，此乃小号必需之物，非购不可。望恳见字劳神照办，打成一

捆,从速交邮寄下为感。　　即请　　近安①

　　注:

　　①即请近安:祝颂语。祝颂语分请候语和安好语。请候语在正文结束后空两格书写。安好语要另起一行顶格书写,以示对对方的尊重。

正月十八日 ◎致恒昌和 徐州府南关英士街交

希鼎卿兄大人台览:久疏笺候,甚以为念。启者,兹因日久未蒙照顾,实觉不安,特恳宝号如不相弃,复请代敝号推消(销)货物,以续前交,则敝号幸甚,实感大德。如敝号有不到之处,万祈海涵,见原为感。今春货物,务求阁下复示办些,或多少均可。谅阁下向来重义,定不见弃。劳神之处,已默感于五内矣。

正月十八日 ◎致天骝 怀庆府城内桥口交

天骝仁兄大人如握:相交知己,套言不叙。启者,今特奉字询问现下贵号金子价目如何,望恳见字速示提明。如相宜者,再为函购可也。余事后述。

正月十九日 ◎致锦全昌 成都署袜街吉祥店内寓

锦全昌宝号诸大执事先生台览:相交知己,剪浮直陈。启者,兹因敝号邮川货物一件,至日恳祈劳神代为收下。弟不日起程,赴川一行,种种劳神之处,晤面再为叩谢可也。余事面谈。

正月二十二日 ◎致信远号 北平

信远号宝局大鉴：启者，今接尊信，内云领悉。随交邮局与宝号寄上黄色羊皮金四百张，九合洋三十六元，又计邮局寄费洋四毛，二宗共合大洋三十六元四毛。祈宝号着邮局收货为要。收妥之时，速赐回音为盼。货款一层，后首若有用项，与宝号兑上。余事后详。

正月二十七日 ◎致合兴盛 镇江西门大街

合兴盛宝号诸位执事先生大鉴：迳启者，交易厚道，剪浮直陈。兹因今接华翰，内云种切。今特报大皮金每千张价洋七十元，小皮金每千张价洋三十五元，祈宝号见草斟酌。如能销售，速为来信，敝号速发不误。余言后详。

正月二十七日 ◎致老忠兴 镇江西门外天主街祈交

老忠兴陕玉臣乡兄先生大鉴：知己不套，剪浮直陈。启者，兹因今接尊信，内云领悉。兄云发皮金一件，速为做造，候一星期交邮与兄寄上不误。再报现下金子涨价不已，每两洋一百三十五元，皮金每千张增价二元，按三十四元计算。后首金子价落，再为减价。恐兄远念，特此走信。余只（则）后述。

正月二十八日 ◎致忠义成 陕西耀州

忠义成宝号诸位执事先生大鉴：交易厚道，剪浮直陈。启者，兹因今接尊信，并邮局兑来大洋三十元，业已收讫。随交邮与宝号寄上黄色羊皮金一千二百五十[张]，二十四合洋三十元。宝号云减价一层，实因羊皮涨价不已，未有遵命。至于邮局等费，由敝号担负。祈宝号着邮局收货为盼。收妥之时，赐一回音，以免远念矣。余事后详。

正月二十八日 ◎致新太记 福建福州南台大岭顶交

新太记宝号诸位执事先生大鉴：知己不套，剪浮直陈。启者，兹因今接华翰领悉，蒙添货一层，小号速造，做妥速交邮局，与宝号寄上不误。再报现在金子涨价不已，每两洋一百四十元，皮金每千张增价二元，按三十四元计算。并不是小号增宝号之价，小号来往上海、苏州各主顾，一律增价。祈宝号见信斟酌，速赐回音。恐宝号甚念，特此走信。余事后详。

二月初一日 ◎致罗鸿泰 上海

揖（辑）五我兄大人台鉴：知己不套，剪浮直陈。迳启者，兹因祈兄在申劳步，与弟代购来第二十期航空奖券二条，计洋二元，交邮速寄来为盼。再报皮金速造，候己（几）日造成，与兄寄上不误。再报现在金子涨价，每两一百四十元；皮金每千张增价二元，按三十四元。兄处存货，不可贱售。前信已经报闻，谅早知悉。余只（则）后详。

二月初一日 ◎致义和号 汉口

义和号昌升仁兄大鉴：交易厚道，剪浮直陈。迳启者，兹因去冬与宝号发上皮金三千张，谅该售出否？前后欠小号之款洋三十二元四毛。祈兄在汉劳神，与敝号代购来鱼鳔二十余斤，火速交邮寄来，以济急用为盼。祈兄见信速购，回信为要。余只（则）后详。

二月初四日 ◎致协盛丰 成都

协盛丰秀山我兄大鉴：知己不套，剪浮直陈。启者，兹因敝号今接尊信，内云领悉。敝号今并信内甬（附）上联怡长本号信一支，祈兄劳步将欠敝号之款，照数问送交本成都暑袜街豫泰恒栈内，并原信照交联怡长查收。交给之后开一收条，着信甬（寄）来为盼。一切劳神之处，晤面再为叩谢。再者敝号双方有信，祈兄速交为盼，千万勿误。余只（则）面谈。

二月初五日 ◎致信远号 北平花市大街

信远号宝号诸位执事先生大鉴:知己不套,剪浮直陈。迳启者,兹因小号今兑收到敝处永合顺通行洋三十六元四毛,与伊立有天字三号凭票一张。该号将票转使到北平,祈台见票三五日照交为盼。交给之后,速赐回音为要。余言后详。

二月初五日 ◎致罗鸿泰 上海

辑五我兄大鉴:迳启者,前呈一函,谅快收到否?兹因小号今兑收到敝处永合顺大洋三百元整,与伊立有天字吉号凭票一纸,该号将票转使到申。祈兄见票三五日照交为盼,千万勿误。再,皮金候己(几)日发上一件,不误。祈兄将款交给之后,速赐回音为要。余只(则)后详。

二月初五日 ◎ 致罗兴泰

吉亭师兄先生大鉴：知己不套，剪浮直陈。迳启者，兹因小号今兑收到敝处永合顺通行洋二百元整，与伊立有天字二号凭票一纸，该号将票转使到申。祈兄见票三五日照交为盼，千万勿误。再报现在金子涨价不已，皮金每千张增价二元。兄处存货，万不可贱售。祈兄将款交给之后，速赐回信为盼。余只（则）后详。

二月初五日 ◎ 致三盛正

德云仁兄先生大鉴：交易厚道，剪浮直陈。迳启者，前呈一函，谅快收到否？敝号着三顺永与宝号兑上大洋一百元，想快收妥否？亦不见来信，敝号甚为远念矣。再者，因敝号去年欠德盛正之款，今照数问交，福源聚宁先生代收大洋一百五十元。祈兄见信速往该号收款为盼。再者，祈兄速急来信，敝号往乾保成抬本号之皮，以济急用为要。余只（则）后详。

二月初五日◎致德兴公

德文仁兄大鉴:知己不套,剪浮直陈。启者,兹因敝号去年欠宝号之款,今照数送交福源聚宁先生代收洋一百四十元。祈兄见信速往该收款为盼。余只(则)后详。

二月初五日◎致广兴长

克良仁兄先生台鉴:知己不套,剪浮直陈。迳启者,兹因敝号去年欠宝号之款,今照数送交福源聚宁先生代收大洋一百五十元。祈兄见信速往该号收款为盼。余只(则)后详。

二月初六日◎致老忠兴 镇江西门外天主街

老忠兴玉臣我兄台安:迳启者,前呈一函,谅快收见。今弟交邮宝号寄上皮金一件,内计大皮金一千,小皮金四千,二共合六千张。祈兄着邮局收货为盼。收妥之时,速赐回音。再者,弟今寄小皮金多点,后首可多寄大皮金。余只(则)后详。

二月初七日 ◎ 致百义通 郑州城内南街大盛昌内

百义通协卿仁兄先生台安：知己不套，剪浮直陈。迳启者，前呈一函，谅该收到否？再者，敝号正月十五日与台发广州皮金一件，想该收妥否？再报现在金子涨价不已，每两一百四十元之谱，兄处宝庄存之皮金万不[可]贱售。至于欠敝号之款一节，约阴历二月底与宝号立票兑去，祈宝号见票照交为盼。余只（则）后述。

二月初七日 ◎ 致玉峰 绛州杨王镇西榆村北巷

玉峰兄台安：迳启者，前接来信，各情领悉。委交荣德和之款，二月半准交。再者，咱号内去年欠绛州皮房之款四百四十元，今以（已）照数交付，福源聚宁先生收转该号可也。祈兄将兑三顺永之款，设法与皮房商量，或三盛郁、三盛正之皮与咱速发来一包，以济急用为要。今咱号牛大兄初七日赴潞安买皮以济急用。祈兄见信设法办妥，速来回音。再祈兄千万不可与皮房说咱赴潞安府买皮以济急用之话。余只（则）后述。

二月初七日 ◎ 致天骝 怀庆府城内桥口

天骝仁兄台安：迳启者，兹因前接尊信，祈兄火速着人送来金子一二两为要。余只（则）后详。

二月初九日 ◎ 致罗鸿泰 申

辑五我兄台安：迳启者，前呈之函，谅早台阅，并永合顺兑票亦必照办。再，顷奉函谕，敬悉种切。蒙要之货，今直接寄上一件，内计大皮金一千张，小皮金三千张，二共五千张。祈台着邮收货为盼。余只（则）后述。

二月初九日 ◎
致万祥发 汉口

万祥发诸位执事先生台鉴:迳启者,前接函谕领悉,并着邮局发来鱼鳔四十斤,业已收讫。敝号今交邮与台发上皮金一件,内计数四千张,九合洋三十六元。前次清单、二次清单一并甬(附)上,祈台照清单收货为盼。挽住,除收鱼鳔款六十五元五毛,净欠小号大洋三十元正(整)。余言后详。

二月十七日 ◎致玉峰 绛州杨王镇西榆村北巷

玉峰兄台安:迳启者,前呈一函,谅快收妥否?兹因咱号所兑三顺永之款,祈兄设法与皮房商议,或三盛正、三盛郁之皮火速发来一包为要。再者,咱去年所欠皮房款共计洋四百四十元,照数送交福源聚宁先生代收兑交该号。前信亦以(已)详明。再者,如皮房不愿与咱号之皮,乃可照兑之款一百元,购买金皮亦可也。祈兄见信速来回信为盼。余只(则)后详。

二月十八日◎
致（申）罗兴泰① 上海
法租界兴圣街交

吉亭师兄台安：迳
启者，前呈一函，谅该
收到，并永合顺兑票亦
必照办。今接尊信，蒙
要之货，今先发上一
件，内计大皮金一千、
小皮金三千张，二共计
数五千张，按三十四合
价洋。祈兄见草着邮
收货为要。再报，皮金
后首恐防还要增价之
议，因金子每两涨价一
百五十元，羊皮亦涨

价。此不过预料，看后金子、羊皮如何再定行止可也。再者，后首皮金造成
照寄不误。余只（则）后详。

注：

①（申）罗兴泰：在苏州、西安、北京等地有分号，故信件中常以"申"或
"上海"标明。

二月二十日◎致老忠兴 镇江西门外天主街

老忠兴玉臣兄大鉴：迳启者，前接尊片，各情领悉。兹因小号用款再
（在）急，以济急需，小号今兑收到敝处永合顺通行洋二百元整，与伊立有天

字号凭票一张。该号将要转使到镇江,祈兄见票三五日照交为盼,千万勿误。如款不足,祈兄暂垫一步。一切见光之处,晤面酬谢为祷。余只(则)后详。

二月二十日 ◎致裕兴泰 常州钟楼大街

裕兴泰厚卿乡兄大鉴:久疏修字拜候,甚以为念。逐启者,兹因小号用款再(在)急,以济急需,小号今兑收到敝处永合顺通行洋一百元整,与伊立有天字号凭票一张。该号将要转使到常州。祈兄见票三五日照交为盼,千万勿误。如款不足,祈兄暂垫一步。一切见光之处,异日弟见面酬谢为祷。再报兄处存之皮金,万不可贱售,因金子每两涨价一百五十元,皮金每千张增价二元,按三十四元。余只(则)后详。

二月二十日◎致恒懋巽　镇江西门大街

恒懋巽宝号诸大执事先生台鉴:迳启者,前接大章,各情领悉。蒙添之货,速为做造,做妥之时,速发不误。再者,今特报金子涨价每两一百五十元,羊皮亦涨价不已,皮金每千张按三十六元计算。祈宝号见草斟酌,如合尊意速赐回音,敝号从速交邮寄上不误。余事后述。

二月二十一日◎致罗鸿泰　上海法租界吉祥街交　明片

罗鸿泰:日前展读大章,尽悉各情。所有航空奖券①二条业已收妥,再祈台号与弟代购第二十一期航空奖券三条计洋三元,从速寄来为盼。再者,前寄皮金一件,谅该收妥否? 余言后述。

注:

①航空奖券:民国时期民国政府发行的国家彩票。

二月二十三日◎致玉峰　绛州杨王镇西榆村北巷

玉峰兄台安:前呈之信,谅该收到否? 兹信无别,祈兄到皮房询问金皮,若照去年之价,购来一包;若涨价太多,祈兄将兑三顺永之款转兑号内以济急需,千万勿误。余只(则)后详。

二月二十五日◎致百义通　郑州城内南街大盛昌内交

百义通协卿我兄台鉴:交易厚道,剪浮直陈。迳启者,前呈之函,谅该收到否? 兹因小号用款再(在)急,以济急需,今兑收敝处永合顺通行洋三百六十四元正(整),与伊立有天字号凭票一张。该号将票转使到郑,祈兄见票迟五日照交为盼,千万勿误。一切见光之处,异日见面,登门叩谢。余言后详。

二月二十五日 ◎致万祥发 汉口

万祥发宝号诸大执事先生台鉴:迳启者,前接尊谕种切,并邮局兑来洋二十九元六毛五分照数收妥。蒙要之货,速为作(做)造。做妥之时,速交寄上不误。余言后详。

二月二十五日 ◎致东君 一号信

怀珍老东君台鉴:迳启者,前接尊谕聆悉。兹因询报号内情形,困苦再(在)急,生意不佳,金子价大,[每]两一百五十元之谱,山羊皮亦涨价不已。祈东君速急赴川将款催收,速为兑号,以济燃眉之急。号内一切困苦,谅我东君种切领悉,不必细呈诉。再者,闻听三义德①徐相赴川之话,亦未动身。祈东君赴川之时,速赐一回信为盼。再报,号内与联怡长仝掌柜面谈兑交成都之款,该号仝掌柜云交到准收不误。余事后详。

注:

①三义德:晋城皮金字号,大股东为三义公。这里所讲之事,是指三义公大股东王惠民把资本陆续转移到四川,想另辟天地,并选派三义德伙友徐某赴川主持川庄之事。后在四川血本全无,三义公因此而倒闭。

三月初一日 ◎致东君 二号信

怀珍老东君大鉴:迳启者,前呈信一支,谅该东君收到否?今又接东君来信云,交(让)号内崔玉峰兄赴四川之话。现在崔玉峰在家来有信音,不能脱身赴四川之事,祈东君火速赴四川,千万不可推脱,以免耽误咱号用款急需。祈东君将家中之事着少东君调停，万望老东君速急赴四川催收账款，速为兑号，万不可含糊。再报三义德徐相二月二十八日赴川。再报号内今年生意不佳，实实困苦不了，谅东君早该明悉，不必细呈诉。今年咱号生活不多，净黄金二作，双黄十二作，银八十五作。祈东君由家动身之时来一回信，以免号内全体人等远念矣。再者，望老东君赴四川，千千万万不可推脱。祈东君将款收清乃交联怡长收转兑号内，开一收条，着信甬(寄)来为要。再者，咱号发成都皮金一件早该到川。余只(则)后详。

三月初一日◎致玉峰

玉峰兄大鉴：迳启者，前呈信二支，谅兄早收到否？今号内接来东君一信云，交兄赴四川催收账款。祈兄见信斟酌，来一回信为要。再者，祈兄到皮房商议，买来金皮一包为盼。至于价值(格)涨落看事而办。今甬(附)上东君信一支，看明斟酌，来一回音。余只(则)后详。

三月初三日◎致义兴升 镇江西门大街

义兴升润生我兄大鉴：交易厚道，剪浮直陈。迳启者，兹接尊谕，内云种切。蒙添皮金一件，敝号无不欢迎。兹特奉草知悉，皮金每千张增价四元，按三十六元合价。因金子涨价不已，每两一百六十多元，羊皮亦涨价不已，敝号不敢冒（贸）然从事，特奉函请示定夺。望祈裁酌，速赐回音。敝号遵命速发不误。余只（则）后详。

三月初三日 ◎致万祥发 汉口汉生龙河街小王家巷口

万祥发宝号诸位执事钧鉴:迳启者,前呈一函,谅该早投文案矣。敝号今交邮局与台号寄上皮金一件,计数四千张,并信内甬(附)上清单一纸,祈台号着邮收货为要。收妥之时,速赐回音,以免远念矣。余事后详。

三月初十日 ◎致协盛丰 成都西东大街七号

协盛丰宝号秀山我兄大鉴:迳启者,前接大章聆悉,并信内甬(附)来联怡长收条一纸计洋三百五十元整,业已收妥,祈勿远念。再者,蒙要货一节,刻下无有存货,候造成之时速交邮局与台号寄上不误。下欠敝号之款七十八元,望兄仍照交联怡长收为要。余事后详。

三月初十日 ◎致东君 三号信

怀珍东君阁下大鉴:迳启者,前呈二函,谅该收妥否? 今又接来尊翰,聆悉各情。祈东君火速动身赴川可也。到川之时,无论如何设法将款收清,照交联怡长李先生代收转兑号内为盼,以济水火之急。祈东君千万不可含糊。再者,号内今接来成都协盛丰信一支,云说后首交联怡长李先生代收洋三百五十元,亦无准切,[恐]不可靠。若号内收妥之时,乃可后首与东君报信。现在号内实实困苦,生意不佳,时节不好,内情不可细呈,谅东君一概明白。余言后详。

三月十五日 ◎致义和号 汉口

义和号宝号诸位执事先生大鉴:交易厚道,剪浮直陈。迳启者,前呈明片，谅早收妥否？兹因敝号用款甚急，以济急济（需），今兑收到敝处永合顺通行洋三十二元四毛整，与伊立有天字第七号凭票一纸。该号将票转使到汉，望祈宝号见票迟一二日照交为盼，千万勿误。一切见光之处，后首泥谢。再者，宝号如添货者，速赐回音，敝号速发不误。余事后详。

三月十五日 ◎致新太记 福州

新太记宝号诸位执事先生台鉴：交易厚道，剪浮直陈。启者，前接大章三封，聆悉各情。所著三义公①退来大皮金五百张，业已收讫，另换上小皮金一千张。敝号又发上小皮金三千张，三十四合洋一百零二元，统作一包，交邮局与宝号寄上。祈宝号着邮收货为盼。再托台号与敝号代购来顶好枝(栀)子二百斤之谱，交邮局寄来为盼。余事后详。

注：

①三义公：晋城皮金代表性字号，乃天长久竞争对手。

三月十五日 ◎致屈臣氏大药房 福州城内郎官巷口

屈臣氏大药房①台鉴:久未致信,抱歉良深。近维宝号生意兴隆、骏业鸿发为颂。兹启者,敝号与福州新太记宝号寄上皮金一件,祈台号查收转交该号为盼。劳神之处,后首泥谢。

注:

①屈臣氏大药房:创建于1828年,英国人在广州所开西药房,以后又相继在上海、汉口、天津、福州、厦门等城市设立分号或代理处。福州屈臣氏大药房和新太记同为欧阳家族经营。

三月十七日 ◎致新太记 福州

新太记宝号诸执事先生台鉴:前呈一函,谅该早收妥否? 蒙要之货,配上三千张,三十四合洋一百零二元。又计邮局寄费洋一元五毛。二宗共合洋一百零三元五毛,祈收敝册是荷。再请台号与敝号代购栀子二百斤之谱,从速寄来为盼。余事后详。

三月十七日 ◎致义兴升 常州

义兴升诸位执事先生大鉴:前接华翰,聆悉各情。蒙要之货,敝号甚为欢迎。乃因现在金子涨价一百五十元之谱,羊皮亦涨价不已,皮金亦增价,每千张按三十五元计算。敝号不敢冒(贸)然从事,特奉函请示定夺。望祈裁酌,速赐回音为盼。敝号速发不误。余事后详。

三月十八日 ◎致东君

怀珍老东君阁下惠鉴:迳启者,今接来尊谕,聆悉各情。委交(让)往家兑洋百元,弟询问铁货店数家,均言生意不佳,暂前(且)不兑款。祈东君在家设法借款,动身赴川,催收账款为盼,速兑交号内,以济燃眉之急。再者,咱号发川锦全昌之皮金一件,早以(已)到川,祈东君火速由家动身赴川,千万不可再含糊。咱号内困苦情形,谅东君一概明白,不必细呈诉。祈东君到川之时,无论如何将川之手续办一清处(楚),照交联怡长李子一先生查收,转兑号内为要。将款交给之后开一收条,着信甬(寄)来为盼。切切之话,不可含糊,以免号内全体人等日夜悬念矣。动身之时,赐一回信为盼。余言后详。专请春祉。

三月十九日 ◎致协盛丰 成都

协盛丰秀山仁兄台鉴:迳启者,前呈之函,谅该早收妥否? 兹特奉草,无别询问,兄台前兑交成都联怡长号大洋三百五十元整,开有收条一纸。敝号接收条转兑怀庆府老号联怡长号。该号云,接川上号之信,兑交三百元整。今将收条退回,内款错洋,然又不知是否,错在何处。祈兄台见草详细赐一回音为盼,千万勿误。余言后详。

三月二十三日 ◎致罗鸿泰 上海 信

辑五我哥大鉴:迳启者,兹因前托兄寄来航空奖券三条,早前收妥。蒙要之货,今交邮发上一件,内计大皮金一千五百,小皮金两千,二共合五千张。再者,敝号用款甚急,以济急需,今兑收到敝处永合顺通行洋三百元整,与伊立有天字八号凭票一张。该号将票转使到贵处,祈兄见票迟五日交款为盼，千万勿误。再托兄在申带（代）步，与弟代购来第二十二期航空奖券二条，计洋二元，交邮寄来为盼。再报兄处存之皮金，不可贱售，因羊皮甚少，贵贱难买之故。再，皮金后首做出，与兄速

发不误。种种劳神见光之处，弟甚觉不安，俟秋后再为趋前泥首为祷。余只（则）后详。

三月二十三日 ◎致罗兴泰 上海 信

吉亭师兄大鉴：迳启者，前日接来大章，各切聆悉。蒙要之货，弟甚为欢迎，感情不望（忘）。候三二日准为交邮局与兄寄上皮金一件，内计大皮金一千张，小皮金三千张，二共合五千张。蒙兄要货，礼（理）当速发，实因今年羊皮甚少，贵贱难买之故，所以敝号用做货工人不多，只能慢慢出货，[做妥]与兄速发不误。再者，你我弟兄并非一日交情，弟所言不情之语祈兄原谅是荷。余只（则）后详。

三月二十三日 ◎致合兴盛 明片

俊五兄大鉴：迳启者，前接大章，展阅聆悉。蒙要之货，后(候)己(几)日做出，速发不误。余言后详。

三月二十三日 ◎致万祥发 汉口

万祥发大宝号台鉴：迳启者，前日接来大章，各切聆悉，并邮局兑来大洋三十六元照数收妥，祈勿锦念。据贵号云，皮金花纹之货掺在其间[1]。敝号决不做无信义之事。蒙后首要货，敝号详细检查，与台号发下。再者，前次花纹之货，恐防是做货工人之错误。一切之情，祈台号宽怀见原是荷。余言后详。

注：
[1]这是底信稿中唯独一起质量纠纷。

三月二十三日 ◎致义和号 汉口

义和号台鉴：迳启者，前呈之函，谅该早收妥否？并兑永合顺之款恋(亦)照交否？再者，蒙台后首若要添货，来信详明，敝号速发不误。余事后详。

三月二十三日 ◎致德顺源 绥远

德顺源宝号大鉴：迳启者，兹因前欠敝号之款洋二十五元，按台所云货到准当将款兑来，至今一月有余，未见将款兑来，敝号甚为远念。祈台见草，速着邮兑来为盼，千万勿误为颂。

三月二十五日 ◎致老忠兴

　　玉臣乡兄台鉴：迳启者，日前接来尊片，各切聆悉。蒙要之货，候己(几)日做妥，速交邮局寄上不误。再者，敝号发货甚迟之故，实因今年羊皮甚缺，贵贱难买之故。敝号今年用做货工人不多，只能慢慢出货，与兄速发不误。余只(则)后详。

三月二十五日 ◎致义兴升 镇江

　　润生卿兄大人阁下台鉴：迳启者，前接尊片，聆悉各情。据兄云蒙要之货价按三十四元计算，实是不够敝号血本，就是按三十六元计算亦在血本之内。祈我兄见草斟酌，速赐佳音为盼。恐兄远念，特此报信。余只(则)后详。

三月二十八日 ◎致恒兴祥 扬州马市口交

　　恒兴祥宝号台览：久疏笺候，温念良深。启者，日前接来大章，尽悉。蒙添之货，敝号甚为欢迎。今特报大皮金每千张实价洋七十二元，小皮金每千张价洋三十六元。祈台号见草斟酌为盼。现在敝处邮局极其便利,邮货则能代收货款。此举两全其美,实为商便。倘蒙有意添货,即赐知,以便照寄。货到即向邮局交款提货,实为两便为颂。

闰三月初二日 ◎致罗鸿泰

罗鸿泰宝号大鉴:迳启者,顷接大章,聆悉各情。又,前呈之函,谅该收妥否? 并前兑永合顺之票,祈宝号照交为盼。又,前与宝号发上皮金一件,想该早收到否? 蒙宝号添货一万[张],礼(理)当速发,实因今年羊皮甚缺,贵贱难买之故。敝号所用做货工人不多,只能慢慢做造。后首绛州路开,羊皮来到,出货就快。再,皮金做出,与宝号速发不误。再,前托宝号购来第二十二期航空奖券二条计洋二元,从速寄来为盼。余事后详。

闰三月初四日 ◎致裕兴泰 常州钟楼街

裕兴泰宝号台鉴:迳启者,前接尊片,聆悉。蒙宝号添货一万[张],敝号甚为欢迎。因现无存货,实因羊皮缺少,贵贱难买之故。敝号今年用做货工人不多,出货甚慢。后(候)已(几)日做出,与宝号速发不误。皮金之价前信亦以(已)报闻,每千[张]按三十四元计算。余只(则)后详。

闰三月初四日 ◎致义兴升 常州大街铁市巷南

义兴升宝号大鉴:迳启者,前接尊片,聆悉。蒙添货壹件,速为做造。做妥之时,速交邮局寄上不误。余事后详。

闰三月初四日 ◎致裕记 苏州金阊东中市

　　裕记大宝号台鉴：迳启者，前接大章，聆悉各情。蒙宝号添货一节，敝号甚为欢迎。因今年羊皮涨价不已，金子每两价洋一百五十多元，皮金每千[张]按三十六元计算，敝号不敢冒（贸）然从事，特奉函请示定夺。望祈裁酌，赐一回信为盼。敝号速发不误。再者，敝处邮局极其便利，邮货亦能代收货款。此举两全其美，实为商便。倘蒙有意添货，即赐一回音，以便照寄。货到即向邮局交款提货可也。余事后详。

闰三月初四日 ◎致万祥发 汉口

万祥发宝号大鉴：迳启者，兹接尊信，各切聆悉。蒙发皮金四千张，敝号速为做造。做妥之时，即当交邮局寄上不误。余事后详。

闰三月初四日 ◎致恒兴祥 江苏扬州马市口

恒兴祥大宝号台鉴：迳启者，前接大章，颔悉。蒙添皮金一节，礼（理）当照寄，实因金子价[每]两一百五十多元，皮金之价亦涨。今报大皮金千张价洋七十三元，小皮金每千张价洋三十六元五毛。小号不敢冒（贸）然从示（事），特奉草请示定夺，赐一回音，小号速发不误。如合尊意即赐知，小号照寄不误。货到即向邮局交款提货，实为两便。余事后详。

闰三月初四日 ◎致协兴玉 许昌大街交

协兴玉大宝号钧鉴：迳启者，顷奉瑶函，各切聆悉。台号欲代敝号推广生意，敝号无不欢迎。今特报黄色皮金每千张实价洋二十四元五毛，白色皮金每千张实价洋二十四元。如合尊意，即赐回音，敝号速发不误。据台号云，着邮局交款提货，实为两便。虽是路途遥远，敝号兑（对）往来交易最将（讲）信用二字，决不做无信义之事。路远知马壮，久后见人心。祈台号见草斟酌，速赐回音。敝号速发不误。再者，来信将台号收货地点详细写明为盼，以免邮局之错误。余事后详。

闰三月初六日 ◎致何东君 信

怀珍老东君大人阁下台鉴：迳启者，前呈信数支，谅东君早前收妥否？

望东君赴川之事不知动身否？亦不见来信，号内甚为远念矣。再者，号内发川皮金一桶早以（已）到川，祈东君可以火速赴川。来信详明何日赴川为要。余事后详。

闰三月初六日 ◎致协盛丰

　　协盛丰秀山仁兄大人阁下惠鉴：逐启者，兹于前呈之信谅早收妥否？前次兄送交联怡长之款悉数收妥，今又接华翰，各情聆悉。蒙发货一层，后首造成乃可交邮局寄上不误。再者，以小号之账，每千[张]按三十五元计算，二次计邮费洋八元，除收洋三百五十元，净欠小号洋七十八元。至于寄货邮费均依台号担负。据兄云，按三十三元计算内中余洋二十四元。祈兄见草酌量，将欠小号之账尾仍可送交贵处联怡长收为盼。余只（则）后详。

闰三月十二日◎致新太记 福州 明片

新太记宝号钧鉴:启者,前接大章领悉。蒙台添货一层,后首造妥照寄不误。再,敝号托台号购买栀子二百斤,从速寄来为盼,以济急济(需)之用。余言后详。

闰三月十二日◎致罗兴泰 明片

吉亭师兄台安:启者,前呈之函谅早收妥,并邮局发上之货想该收到否? 再者,皮金后首做妥照寄不误。后首敝号若有用款之时,与台号立票兑去,祈兄照交为盼。余只(则)后详。

闰三月十二日◎**致老忠兴 镇
江 明片**

玉臣兄台安：启者，前呈之函，谅早
收妥否？今敝号交邮与台号发上货一
件，内计大皮金一千张，小皮金三千张，
二共合五千张。祈台着邮收货为盼。余
只(则)后详。

闰三月十二日◎**致恒茂祥 河南鲁山西关东街**

恒茂祥宝号台鉴：启者，兹因前接明片，聆悉。今特报绵净黄金百张实
价洋二十五元，西净黄砖金百张价洋二十二元[①]。如合销售，将款兑来，敝

号速发不误。余事后详。

注：

①绵净黄金、西净黄砖金为皮金中档次最高的品种之一，故以百张论价。

闰三月十二日 ◎致协兴玉 许昌

协兴玉宝号钧鉴：启者，顷接华翰，领悉。前台号发黄皮金三千张，敝号遵命照发。只因货价未能从廉，前信报之皮金价目乃是实价，敝号不敢冒（贸）然从事，特奉函请示定夺。望祈裁酌，赐一回音，敝号速发不误。再者，委敝号询问顶针①之价目，该号云顶好顶针重货每万实价洋二十六元。再者，敝号普信内甬（附）上贵处所销皮金样子一张，每千张实价洋十五元。如贵处若能销售，来信详明。敝号速速交邮局寄上不误。至于货款，邮局代收亦可也。祈台见草斟酌，赐一回信为盼。余言后详。

注：

①顶针：旧时晋城当地之特产。顶针即由金属做的环形指套，表面有密集的凹痕，在将缝针顶过衣料时用以保护手指。

后三月十九日 ◎致罗兴泰 上海

吉亭师兄台鉴：启者，前呈明片谅早台阅。兹因敝号用款甚急，以济急需，今兑收到敝处永合顺通行洋四百元整，与伊立有天字九号凭一张。该号将票转使到上海，祈兄见票迟六日交款为盼，千万勿误为要。再，皮金后首做出，与兄速寄不误。种种劳神见光之处，弟甚觉不安。俟秋后再为趋前泥首为祷。将款交给之后，赐一回音为盼。余只（则）后详。

后三月十九日 ◎
致新太记 福州

新太记宝号台鉴：启者，顷接大章领悉，并邮局寄来栀子六包业已收妥，祈勿锦念。下余栀子购妥，从速寄来为要。蒙添皮金六千张，敝号甚为欢迎，只因今年敝处羊皮甚缺，贵贱难买之故，所以出货甚慢。后首造出，与贵号速寄不误。余事后详。

后三月十九日 ◎
致恒兴祥 江苏扬州马市口

恒兴祥宝号诸位执事先生台鉴：启者，兹因前接华翰，聆悉。蒙添货一件，敝号遵命递交邮局，直接寄交贵号皮金壹件。内计大皮金一千张，七十二扣洋七十二元；又计小皮金二千张，三十六合洋七十二元；又计邮局一切寄费洋九毛，三宗总共合洋一百四十四元九毛。祈台号见草着邮局交款提货为盼，实为两便。如台号若后首添货，来信详明，敝号照寄不误。言不多叙，专此特奉。

后三月二十一日◎致义庆生 成都

　　子明仁兄先生大鉴:久疏笺候,抱歉良深。近维宝号骏业宏发、诸务适顺为颂。启者,兹因去年欠敝号之款洋一千三百八十四元六毛,祈兄着送交贵处暑袜街豫泰恒栈内交联怡长收。交给之后,开一收条,着信甬(寄)来为盼。种种劳神见光之处,弟后首见面泥谢为祷。如兄后首添货,来信详明,弟速发不误。祈兄速赐一回音为盼。

后三月二十一日◎致益泰元 常州大街

　　益泰元宝号大鉴:启者,兹接尊片,领悉。蒙添货一节,敝号无不欢迎。因今年羊皮涨价不已,金子价大,皮金每千张价洋三十六元计算。敝号不敢冒(贸)然从事,特奉函请示定夺。望祈斟酌,赐一回信,敝号速发不误。余言后详。

后三月二十一日◎致万祥发 汉口

　　万祥发宝号钧鉴:启者,兹接大章,领悉。蒙添皮金一节,敝号今交邮局发上一件。内计八折金四千张,九合洋,并甬(附)上清单一纸。祈宝号着邮收货为盼。再蒙宝号添黄皮金一千张,速为做造,做妥之时速交邮与宝号寄上不误。至于黄皮金之价,每千张增价一元五毛,按二十五元计算,乃因羊皮涨价之故。祈宝号莫道敝冒涨宝号之价,敝号兑(对)往来之家决不做无信之事。祈宝号海涵原谅。余言后详。

后三月二十一日 ◎致罗鸿泰 上海

罗鸿泰宝号大鉴:启者,顷接华翰,领悉。蒙台号添货一节,礼(理)当速发,乃因今年羊皮缺少,贵贱难买之故,所以出货甚迟。皮金造妥,与宝号速发不误。至于皮金之价,后首恐防还有增价之议,每千按三十六元计算,贵处存之皮金万不可贱售。所说增价一节,不过预料,看后首羊皮来到价值(格)涨落如何再定行止可也。恐宝号远念,特此报信。余言后详。

后三月二十一日 ◎致何东君

怀珍东君大人阁下台安:启者,前呈之信,谅东君收妥否？赴川一事不知何日动身？祈东君见信来一回信为盼。号内发川之皮金早以(已)到川。协盛丰之款兑收过,洋三百五十元。祈君达知。余言后详。

后三月二十一日 ◎致德顺源 绥远大南街

德顺源宝号大鉴:启者,兹接云函领悉,并着省银行兑来洋五十元业已收讫,祈勿锦念。今随交寄邮局与宝号发上银四号金四千张,十四合洋五十六元,又计邮局寄费洋五毛,二宗共合洋五十六元五毛。除收洋之外,净欠敝号大洋三十一元五毛。祈台号将货收妥,火速将款着山西省银行兑来是盼为要。切切之思,不可有误,以免敝号远念。余事后详。

后三月二十三日 ◎致罗兴泰 申

吉亭师兄台安：启者，前呈之函谅早台阅，并兑敝处永合顺之款计洋四百元，祈台见票照交为盼，千万勿误。再，顷奉函谕，敬悉种切。兄云货未收到，想是中途之误。今寄货回据乃以（已）收妥，谅不得有错。再蒙要货一万张，后首造出速寄不误。又并信内甬（附）上第二十二期航空奖券一条，祈兄在申劳步询问原情，若得奖十元，另换第二十三期航空券二条计洋二元；若得奖一元，祈兄与弟垫洋一元，照购来第二十三期航空奖券二条计洋二元，从速寄来为盼。因弟在晋看报，不得实情，劳兄在申换来为盼。一切劳神见光之处，弟甚觉不安，俟弟后日至申泥谢为祷。余只（则）后详。

后三月二十三日 ◎致义和号 汉口①

义和号宝号台鉴：启者，前奉之函谅该收到否？并前三月十五日兑上大洋三十二元四毛为何不交，是何故耳？去冬发货，宝号来信，小号遵命照发。至于货款数月有余，敝号立票兑去，不交此款是何道理？千里交易，最讲信实二字。向（像）宝号这样交易，凭交敝号可怕；向（像）宝号这样交易，生意可以发达，买货不用款；向（像）这样的生意，人人可干，个个可做，乃还可以永远坚固，将来生意发达，茂盛第一。祈宝号见草斟酌，若是此款不付，来一回音。祈宝号将敝号账尾之款看事兑来。兑多兑少，敝号全无话说；交款不交，敝号亦无话说，总可与敝号来一回音。再者，敝号兑（对）生意交易不甚明白，宝号来信乃可指教。生意之人，宝号算是汉地第一。祈宝号见草火速将敝号之账尾看事办理为盼。余言后详。

注：

①此信言辞之犀利，在信稿中非常罕见。见兑票不交款，是为违约，乃商家之大忌。

后三月二十六日
◎致协兴玉 河南许昌大街

协兴玉宝号大鉴:启者,日前接来华翰,各切聆悉。蒙要之货,今随交邮局寄上黄皮金一千张,二十四元五毛合洋二十四元五毛;又计邮局寄费、油纸、皮布洋五毛,二宗总共合洋二十五元。祈宝号见草着贵处邮局交款提货为盼,实为两便。如此源远长流,实为两全其美。余言后详。

后三月二十七日◎致万祥发

万祥发宝号台鉴:启者,前呈之函谅该收阅,并发上之货想该收妥否?今又交邮局与宝号发上黄皮金一千张,二十五合洋二十五元,望台号将货收妥,速将款汇来,以济需用是盼。余言后详。

四月初一日◎致三盛郁

德魁先生台安:启者,兹接来信聆悉。蒙发来之余皮照数收妥,祈勿锦念。余言后详。

四月初二日 ◎致义兴升 常州大街铁市巷南

义兴升宝号大鉴：厚交不套，浮言不陈。迳启者，前呈明片，谅早台阅。敝号今交邮局与宝号直接寄上皮金一件，内计大皮金一千，又小皮金三千，二共合五千[张]，三十五扣洋一百七十五元。祈宝号着邮局收货是盼。余事后详。

四月初二日 ◎致老忠兴 镇江

玉臣我哥台鉴：厚交不套，浮言不陈。迳启者，前接尊片聆悉。蒙要之货，俟已做妥，速交邮局寄上不误。再者，敝号用款甚紧，以济急需，今兑收到敝处永合顺通行洋三百元整，与伊立有天字拾号凭票一张，该号将票转使到镇。祈兄见票日，据迟五日照交为盼，千万勿误为要。一切见光之处，弟甚觉不安，后首见面酬谢为祷。将款交给之后，赐一回音是盼。余只（则）后详。

四月初五日 ◎致罗鸿泰 上海

罗鸿太（泰）宝号台鉴：厚交不套，浮言不陈。启者，前呈之函，谅该早投文案矣。敝号今交邮局与台号直接发上皮金一件，内计大皮金一千五百，又小皮金两千张，二共合五千张。祈台见草，着贵处邮局收货是盼。余言后详。

四月初五日 ◎致协兴玉 许昌大街

协兴玉宝号台览：厚交不套，浮言不陈。启者，前寄上黄皮金一千张，谅该收妥否？祈台见草，赐一回音是盼为要。
余言后详。

四月初九日◎致三盛郁

三盛郁台览：前呈之函，谅早收阅。再请将
敝号前定之皮六百张速为发来，随后望祈再发
一包。还恳拣选毛眼细点，皮张大小均照前样
为佳。

四月十一日◎致裕兴泰

光远：前接奉手谕，敬悉。蒙添之货，今即
邮上大皮金一千五百张，小皮金二千张，合五千
张，暂为销售。后日购进羊皮再为续发，惟货价
每千[张]三十四元。万望再高抬货价出售为
要，因羊皮极缺，步步涨价，后日之货还要加
价。今年绛州羊皮多数均归洋庄提价收去，致
皮续涨不已。再报，弟前者返家稍住数日，咱处
情形现下平安如旧，雨水不短，花苗、芝麻均已
按好①。惟有麦苗去冬甚佳，今春稍受冻寒，故
而收成大减。粮价十一元，零换四千之谱。以
上是咱处最近情形，望君勿念是幸。

注：

①按好：晋城方言中称"种"为"按"。

四月十四日 ◎ 致万祥发

万祥发：前、今接二信，敬悉。蒙赐下之款照信收明，已入尊册，两清。承添之货，今即邮上，随附货单一纸，祈为台阅。再报此次货物，万望高抬货价出售，因现下羊皮极缺，步步涨价不已，以后汉皮银①每千暂加价五毛。后皮如再涨，各庄皮金依次照加，并祈斟酌售货是幸。

注：

①汉皮银：汉皮金多以银子制作，价格较低，故亦称皮银。

四月十四日 ◎ 致新太记

新太记：蒙添之货，本拟早发，实因羊皮极缺，无法可想。现下少许有皮，其价过大。惟货价每千张暂定三十六元，如以后皮价再涨,亦依次照加。不日货物造就,即为邮上不误。复恳分神,代购栀子二百斤邮下,以济急用。劳动之处,已感五内。

四月十七日 ◎致益泰元 常州

益泰元宝号诸翁先生台览:前奉大札,敬悉。蒙添之货意欲早发,实因羊皮极缺难买而且步步涨价,故未如命照发。今只邮上大皮金一千张,小皮金一千张,共合三千张,计大洋一百零八元。此货收到,高抬货价出售,恐后日有缺货之叹。再,其余之货,后如买进羊皮,即为续寄不误。至于货款,后日再为开兑,另有函报。此请近安。

四月十九日 ◎致义兴升 常州

张翁大人台览:前呈之货计早验收,万祈高提货价出售,切切为要。因羊皮极其缺乏,步步涨价,现下皮金又暂定每千[张]三十六元,如皮价再加,皮金亦依次续涨,望祈注意。敝号今开上兑票永合顺一百五十元,乞恳见票三五日交付,以济需用,是所感激。弟前者返家稍住,咱处平安,雨水不短,芝麻、[棉]花均已种好,望祈勿念为幸。

四月十九日 ◎致裕兴泰 常州

光远仁翁大人台览:前呈之函并邮寄之货,计快收到。今敝号特开上兑票永合顺二百元正(整),恳祈不日见票三五日交付,以济敝号急需之困,则感盛德矣。余事后述。

四月十九日 ◎ 致罗鸿泰 上海

辑五我兄大人如晤：于前者邮呈货一件计早收到，惟望出售货价务必高提为要，万不敢贱售。因羊皮极缺，步步涨价，皮金不日只能暂为定价每千［张］三十六元。如皮再增加价，皮金亦必须依次再涨，祈为注意可也。敝号今开上兑票，永合顺三百元正（整），不日见票，仰恳三五日照交是为致感。再添之货，后日如能购进羊皮，续寄不误。再报弟于前者返里稍住，咱处现下平安，雨水不短，惟麦子已受冻寒收成亦减，花苗、秋苗均已按好，粮价每石十一元之谱，小兑四千。祈为得悉可也。余事后述。

四月十九日 ◎ 致义兴升 镇江

润生我兄大人台览：久未修候，深以为念。缘弟前者返里稍住，今始来号。敬悉手谕，甚是抱愧。蒙代劳销货，甚为感激。实因羊皮极缺，步步加价，无奈皮金暂定每千三十六元，当无皮造货。如皮再涨，皮金亦必依次照加。如兄处有货，万望高抬货价出售，切切为要。再报咱处现下平安，雨水不短，粮价十一元，小兑四千之谱。望祈勿念。即请。

四月十九日 ◎ 致马昌升 潞安府

昌升仁翁大人台览：未曾笺候，深以为念。兹因去年蒙贵汉号代劳推销敝号货物，除收净欠三十二元四毛。前曾开票兑取，不料将票返回未付，致与持票人发生交涉。后致函贵汉号数次，又未蒙见复。今闻阁下返里，特此上函，恳赐前款以济困苦，则感大德矣；或祈至函贵号，由邮兑下，均祈公裁为感。余事后详。

四月二十一日 ◎致罗兴泰

吉亭鉴：前接手谕，敬悉。蒙要之货，本欲如数早发，实因现下羊皮极缺，其价步步高涨，而且无皮。今交邮上大［皮］金一千，小［皮］金二千，合四千［张］。此次货价暂定每千三十六元，此后皮价再增，皮金亦依次照加。货到万望高抬货价出售，切切无误。注意，后日必有缺货之虞。再报，弟前者返家稍住，咱处平安，雨水不短，秋苗种好，粮价十一元，兑零四千谱。

四月二十七日 ◎致老忠兴

玉臣鉴：前接明片敬悉。今交邮上大皮金一千、小皮金二千，合四千

[张]。此次之货每千按三十六元计算，万望高抬货价出售，切切为要。因现下羊皮极其缺乏，步步加价，而且无皮造货，皮金后日有涨无落。

四月二十七日◎致三盛郁

三盛郁台览：请发之皮，祈速速运来。此数后首揭出[1]，再请多发一二包，千祈无误。款项先开来兑票数百元，小号照付，其余以后陆续兑付可也。

注：

①揭出：皮草业行话。生皮加工成熟皮为"摔皮"，熟皮再加工为"揭皮"。

五月十四日◎致新太记

新太记台览：前接手谕，敬悉。蒙添之货，今交邮寄上三千张，此次按每千三十六元计算。另有清单一纸，望祈入目。再，羊皮极为缺乏，其价屡涨不已，时下又无皮造货，故只寄上三千，暂为销售。如后日购进羊皮，再为续寄。后日皮金有涨无落。此次货到，万祈高提货价出售，是为上策。切记切记。

五月十五日 ◎致怀珍东君 航空

怀珍东君大人台览:前者寄呈平信已在途中,昨日接来航空信一封,内情尽知。不料义庆生人面兽心,有意诓骗。官府必能追回欠款,望祈竭力办理可也。

再,协盛丰咱前者收过三百五十元,下欠数十元也,可赶紧合讨结清为要。又来信要货之事,咱号中莫(没)有

航空信上贴10枚5分值邮票,相当于10封平信邮资。

存货,只因今年绛州羊皮,被洋庄收去多数。因羊皮大缺,价钱大涨,每百张涨到三十多元,皮又缺,纵然少许有点也非现款购买不可。后日如能买些皮,再赶快做点川庄,与你寄去一件。以后庄金扣算,每千非卖四十元不可,祈看事出卖为妥。又报苏庄现下每千涨到三十五六元,生意也是平常。纵然有主顾要货,金、皮两缺,也难各各应付,故此号中十分作难。莫(没)有存款,困难极了。望祈见信从速兑来数百元,交联怡长兑回。开一收条,莫有(要)贴水,或交锦全昌也可。再有川事后日如何,勤与号中来信,以免记念。咱号各事平顺如旧,不必忧念,望你静心办理外事,可要小心谨慎为妥。余事后述。

五月十五日 ◎致裕兴泰

光远仁翁大人台览:日前接奉函谕,敬悉种切。承要之货,因皮缺之故。不日将货造就,即寄不误。再报现下之货,暂定每千三十六元,如后日

羊皮步步高涨，皮金亦非依次照增不可。贵处存货，万望预先提价，少售为盼。

五月十五日 ◎ 致罗兴泰 申

吉亨师兄大人如面：今接来函，敬悉一是。所有货价一节，本该谨遵台命，情实现下之价，只能折算不亏血本足矣。而恐现下生意已在争竞之际，小号决（绝）不敢分外渔利，望祈提念。知己仍照前议之价出售，而代人求利足矣。再有，友人趋言，方比以前。该弟百七十元，曾言后日陆续交申号代弟收存。后日收到时，请随时示我为感。余事后详。

五月十八日 ◎ 致益泰元 常州

益泰元：敝号今开上兑票永合顺大洋一百零八元正（整），仰恳俯兄不日见票，迟三五日如数照交，以济急需，不胜感激无涯矣。再，羊皮刻下贵贱尚无货到，后日如有皮到，再与宝号补发前添之货不误。余事后述。

五月二十一日 ◎ 致裕兴泰 常州

光远仁翁大人台览：日前接得尊片，敬悉。蒙要之货，今即邮上一件，至祈检收。内附货单一张，台阅可也。余事再述。

五月二十一日 ◎ 致义兴升 常州

诸位卿兄大人台览：顷接尊片，敬悉。蒙要之货，因现下小[皮]金无存，又无皮造货。如后日买就羊皮，即为照寄不误。余事后述。

五月二十四日 ◎ 致万祥发

万祥发：今寄上四千张计洋三十八元，但此次之货亦望提价出售为要。实因今年羊皮极缺，其价步步增加不已，彼此只能抱定水涨船高宗旨，别无他法。

五月二十四日 ◎ 致信远号

信远号：今寄上四百张计洋四十元，又寄费四毛。但此次之货，万望高提货价出售。因今年羊皮极其缺乏，纵然少许有点，其价步步飞涨不已，彼此只能互相抱定水涨船高宗旨，别无妙法。货款后日开兑，另有函报。

五月二十四日 ◎ 致德顺源 绥远大南街

子彬乡兄大人台览:知己不套,剪浮直陈。启者,前呈之函,计早入目。惟尊账前该之款,恳乞仍由省银行兑下,以济小号周转之需矣。此乃区区之事,本不应启齿,实因现下小号甚是困难之故,谅兄必能体恤。再,如蒙添货者,祈便示知,但货价已增,因羊皮缺乏之故。再报此处年光甚好,雨水调匀,庄稼格肥。零兑四千五百,小米四毛五。

六月初四日 ◎ **致怀珍东翁 成都 平信**

怀珍东翁台览:前寄呈之函,谅已收见。今邮上货一件计三千六百张,望祈看事涨价出售。现下皮价大涨,又无皮造货,后不寄货了。再,祈火速将货款兑回,以济号内困难,千万勿延。川事如何,来信一提。再,后日返号时,如路过汉口,可往义和号代收货款,下欠洋三十二元二毛。咱号前去信兑用,他置之不理,千祈收回为要。余事后述。

六月初五日 ◎ **致义兴升 常州**

张翁、列位先生大鉴:前承要之货因皮缺乏,今谨寄上三千张,暂为销用。货价权依三十六合一百零八元,前欠洋二十五元,共洋一百三十三元。其余之货,只能后日如有皮来,再为赶造,照寄不误。但是以后货价一节,再看皮价加多少,随时再为酌量照加可也。余事后述。

六月初七日 ◎ **致德顺源 绥远**

诸翁先生台览:前呈明片一张,已在途中。昨接奉函谕敬悉,并蒙所赐之款照信收明，除欠尚存洋三元五毛。再承要货一节，因现下皮涨极缺，其价节节高涨而且又无皮到，无法造货，因而各家多数停作①，故时下四号金暂定每千张价洋十六元。如后日皮到，再为加工赶造，照寄不误。倘后日皮价再增，皮金亦须依次照加。宝号如有存货，万无（勿）贱售是幸。

注：

①停作：皮金工人称开工做货为"开作"，停止做货为"停作"，抓紧做货为"赶作"。"作"是皮金商号的计量单位，工人的报酬以"作"计算。

六月十一日 ◎致三盛郁 绛州 片

诸翁先生台览：前委交付徐桂林款百元已如数交讫，望祈勿念。后日发皮请提好些来，勿照前样配货，至（致）敝号受损太甚。再祈将蚊帐随皮发来，旱烟作罢论。余事后述。

六月十三日 ◎ 致信远号

　　信远号：前奉尊谕，敬悉一是。蒙添之货，今始配齐邮上，至祈检收。对于货价一层，缘因羊皮高涨不已，日后有增无落，因而敝号仅维持血本而矣，决（绝）不敢分外妄图渔利，望祈放心，决不有负。再，前后货二共计洋八十元，邮费等八毛。待后如遇兑项，再为开兑，届时另有函报。

六月十七日 ◎ 致万祥发 明片

　　万祥发台览：前接大札，敬悉。所赐之款照信收讫，勿念。蒙添之货，今邮上四千张，九十五计洋三十八元。其余之货，后日造成再寄不误。又恳劳动贵步，代询最好鱼鳔时下价目如何，祈便信一提为感。

六月二十三日 ◎ 致怀珍东君 成都 航空

怀珍东君大鉴：今接航空信，敬悉。所要货一节，因时下无皮做货，各家早已停作。皮房尚有皮少许，每千张要价三百余元，咱行无人敢抬而又抬皮非现款不可，因此无奈只能停作。如若川货果能每千张售四十余元，万望速速将款兑回，才能周转抬皮开作。咱号中困苦情形已达极是，谅东君必然均悉。如川款不能兑回号内，实无法做货。再，前者邮去货三千六百张，计可收兑。将协盛丰等款收账并川各事，后日来信细细一提为要。

六月二十五日 ◎ 致罗鸿泰

罗鸿太（泰）台览：今接手谕，敬悉。蒙要之货，今即邮上大皮金一千五百、小皮金两千，合五千张，三十六计洋一百八十元正（整）。此货收到，暂应门市。其余之货因羊皮价大，未便做货。今外头既有点销售，只能设法购皮做货，成就照寄。但皮金之价再加多少，再看皮价定后再为照加可也。惟货到总是提价出售为妙。

六月二十九日 ◎ 致何东君 航空

东君台览：前寄航信，谅该收见。今又接航信，尽悉。要货一事，咱即向皮房议定皮价，每千张近四百元，咱抬皮二三包，惟皮款非现不可。咱再三恳商，至迟一月期限归清。旁处无法挪借，专候川款，万望火速将前款兑回。兑条由航信寄来，以免误事。现下咱赶紧开作，不日货成准陆续邮上，仍寄在锦全昌。再望东君候货办事，不可返回为要。现下川庄确实货价，后信一提。再，义庆生之事如何办理，亦祈详细一提可也。

七月初二日 ◎ 致万祥发

万祥发览：前接手谕敬悉，并蒙赐之款收讫两清，勿念。前定之货本应早发，因一时未能做成，今寄上四千张计洋三十八元。又蒙添货两万，亦不能一时做齐，因手工生活只可加工赶作，随时陆续发上不误。再，货到时祈再提价出售，因羊皮来路甚少，其价节节高涨不已。如后日再涨，皮金亦须依次酌加可也。

七月初六日 ◎ 致信远号

信远号览：兹呈函无别，因今敝号开有兑票两张：永合顺五十元零八毛一张，又永合顺三十元正（整）一张，共八十元零八毛。望恳不日见票照付，至感至盼。

七月初六日◎**罗鸿泰** 申

辑五仁哥大人台览:前呈之函并邮去货物,谅早收阅矣。刻下敝号开有兑票永合顺一百五十元整,仰乞不日见票迟三五日交付,是所至感至盼。再,货物俟以后购进羊皮,再为赶作可也。又报咱处六月以内未下好雨,秋苗受旱已甚,七月初一日落透雨。现下粮价十四五[元],小兑四千三百。余事后详。

七月初六日◎**致罗兴泰** 申

吉亭师兄大人台览:因敝号今开上兑票永合顺一百元整,恳乞见票迟三五日照付。此次之票,因恰巧有百元兑项,故多兑之数日后再为总算。万望我兄无却,是弟感恩之至,异日泥首可也。再欲要货者,祈早示我。因金、皮两缺,一时难以做成,以便早为措办,免误交易。余事再函。

七月初六日◎**老忠兴** 镇江

玉臣乡兄大人如握:久未函候,念甚。敬启者,兹因敝号今开上兑票一纸,永合顺通行洋一百元整。恳乞不日见票迟三二日交付,是为至感至盼。再祈现下如要货者,便中示知,以便赶造不误。又报咱处六月内未下透雨,秋苗受旱已甚,七月初一日始落普遍透雨。时下粮价十四五[元],小兑四千三百。望勿锦念耳。

七月初六日◎**致新太记** 福州

诸翁先生台览:前呈之信,谅早入目。今恳劳神再代敝号购栀子百五十斤邮下为感。再,货物俟以后有皮,再为赶造,候成就随时速寄不误。余事后详。

七月十一日 ◎ 致恒隆协 南宿州大隅口

恒隆协台览:顷接手谕敬悉,并附来皮金样子。此宗皮子甚缺,无法仿造。今随寄上敝号样子一张,每千[张]计洋十二元正(整)。如蒙合宜者,请即回信示明,以便遵办。再报咱处平安,雨水调匀,秋季亦佳,望祈勿念。

七月十四日 ◎ 致万祥发

万祥发台览:前呈之函并货物,谅早一并收阅。今又寄上货六千张,计大洋六十元正(整)。实因羊皮屡次涨价不已,小号无奈只可维持现状,每千[张]酌加五毛。如以后羊皮幸能落价,再为恢复原状。又,其余货物不日成就,即当续发不误。

七月十六日 ◎致万祥发 汉口 明片

诸大执事先生台览：前呈之函并邮上货物一件，已在途中。今接函谕敬悉，及所赐之款照信收讫以作两清，祈勿锦念。再，货物不日成就，陆续照发不误。余事后函。

七月十九日 ◎致益泰元 常州钟楼大街

益泰元宝号诸位执事先生台览：今特报现下羊皮忽然陡涨，每千张增加百余元。此亦无可如（奈）何，因而皮金不得不相继随时照加，计算每千张刻下定价四十元方能维持资本。现下情形决（绝）不敢分外，妄图渔利恐前途有碍。时下苏、申、常、镇各代销处，皆一例定价四十元，决（绝）不敢有二，恐负交易之义。宝号向来明达，定能谅解此理。再，尊处如有存货，万祈不可贱售，恐有缺货之忧。后蒙添货者，祈早示明。因羊皮虽涨，其货极缺，非预先着手不可。余事后详。

七月十九日 ◎致义兴升 江苏镇江西门外

润生、君平二兄大人如面：久未请安，念甚。启者，兹特报现下羊皮猛然陡涨，每千张已增加百余元之谱，令人意料不到亦无可如（奈）何。时势使然，因此现下皮金，不得不相继照加,扣算每千张非四十元不能维持资本。而又不敢分外,妄图渔利致前途有碍。现下苏、申、常、镇各处友代销,均一例定价每千张四十元整,决(绝)不敢有二,恐负友之义。兄处如有存货,万不贱销为要。现在货价如可畅销者,恳乞示知,以便早为备办货。因羊皮虽涨,其货甚缺,非预先着手不可。余事后详。

七月十九日 ◎致新太记 福州南台大岭顶

新太记宝号诸大执事先生台览:正拟奉函陈诉一切,忽接函谕飞来,敬悉种切。蒙添之货,感甚。但刻下货价大涨,情因时下羊皮猛然陡涨,每千张已增加百余元,令人料想不到亦无可如(奈)何。时势使然,因而现下皮金不得不相继照加。扣算每千张定价四十元整,仅能维持资本而已。决(绝)不敢分外,妄图渔利有碍前途。小号所定之价,各处代销处均皆一例划一,恐有负信用,以图久远。照此价尊处后日如能畅销者,祈为再函,早为示知,以便照办。又因羊皮虽涨,其货极缺,非预先着手不可。再,前恳代购栀子,望祈劳神办理,交邮为感。余事后述。

七月十九日 ◎致罗鸿泰 上海吉祥街

辑五我兄大人台览:正拟奉函报闻一切,忽然飞来尊片,敬悉。但货价一事接云,按三十五计算,敝号决(绝)不敢从命。情因苏、申、常、镇各友谊代消(销)处均一例三十六计算,实不能薄于彼而厚于此,自问于心甚亏,处于不义地步。度我兄向来重义如山,定能谅解此理。仰祈俯兄收回成命,仍照前议为感。再报眉下羊皮,忽又陡涨,每千张已增加百余元之谱,无奈皮金不得不相继暴涨。现下时价定每千张价洋四十元整,方能使资本不亏。小号已心满意足,决(绝)不敢分外,妄图渔利而对于前途有碍。以后货物及价目均祈放心,恐(况)且各处皆为莫逆缔交,皆不敢有负。再望尊处存货,万万不可贱售为要。后蒙添货者,示明是幸。

七月十九日 ◎致义兴升 江苏常州钟楼街

义兴升宝号诸翁卿兄大人台览:兹奉函特报,时下羊皮忽然陡涨,每千张已增加百余元。此亦无可奈何。因而现下皮金,不得不相继随时照加。计算,刻定每千张四十元整,方能使资本不亏。小已觉满意,分外渔利决(绝)对不敢,恐于前途有碍。现下苏、申、常、镇各友代销处均一例定价四十元,决(绝)不敢有二,恐负交友之义。诸翁向来精明,定能谅解此理。再,尊处存货万万不可贱售,后日必有缺货之忧。后蒙添货者,祈早示明。因羊皮虽涨,其货极缺,非预先着手不可。余事后述。

七月十九日 ◎致罗兴泰号 上海法租界兴圣街

吉亭师兄大人英鉴:前寄上一函并另开有兑票一纸,计早投前矣。今奉函特报羊皮时下忽然陡涨,每千张增加百余元之数亦无奈何,故而皮金不得不相继随时暴涨。扣算现下每千张定价四十元,才能维持资本不亏,小号已觉满意。分外妄图渔利,决(绝)对不敢,恐于前途有碍。就苏、常、镇各处友谊处代销,时下均定一例四十元整,决(绝)不敢有二,恐负交友之义。知吾兄素来重义,定能谅解此理。兄处存货,万万不可贱售为要。后蒙添货者,祈示明,以便早为备办。因羊皮虽涨而又甚缺,非预先下手不可。余事后述。

七月十九日 ◎致老忠兴 江苏镇江西门外天主街

老忠兴玉臣我哥大人如面:正拟奉函陈报一切,忽接云片飞来,敬悉。蒙添之货,随即邮上一件,另有发货单一张,望祈台阅。兹特报现下羊皮猛然陡涨,每千张皮增加百余元之谱,令人意料不到亦无奈何,因而皮金不得不相继随时照加。扣算每千张非定价四十元,方能维持血本不损。依现下情形,决(绝)对不敢分外,妄图渔利恐前途有碍。现下苏、申、常、镇各处代销处一例定价每千张四十元整,决(绝)不敢有二,恐负交友之义。货到之日,万乞提价出售是盼是感。再后日要货者,恳早一步示知。因羊皮虽涨,其货甚缺,非预先着手不可。余事后述。

七月二十日 ◎致何怀珍

怀珍览:前邮上货知早收到,火速将款兑回。万祈开一收条,免费周折。前日接来航信尽悉，蒙兑回之款照信收明，勿念。又，前日邮去货六千张，货到每千张非卖四十余元不得够本，千万在意。以后货成就急发去不误。再，协盛丰货款收清来信一提，义庆生之事办得如何日后亦提明。再咱号诸事平安，就是实在困苦，无法周转。见字在心，与号中兑款要紧。咱货邮在锦全昌，提取可也。

七月二十日 ◎ 致裕兴泰

裕兴泰台览：日前接奉台谕敬悉，蒙提及赐款感甚。今特开上兑票永合顺二百元正（整），仰祈不日见票迟三五日交付。再报现下羊皮猛然陡涨，每千张增加百余元亦无可奈何，因此皮金不得不相继增加。刻下订定每千张价洋四十元正（整），此价不过仅能维持血本而已。生意正在争竞之际，决（绝）不敢分外，妄图渔利恐对前途有碍。又承要货，不日成就即寄。存货望祈高价出售。

七月二十日 ◎ 致义兴升

义兴升台览：昨寄呈一函在途，至祈台阅。敝号今开上兑票永合顺一百二十元，仰祈不日见票迟三五日交付为感为盼。再有一切情形，前函呈明矣。余事后述。

七月二十二日 ◎致协兴玉 许昌

协兴玉台览:顷接手谕,敬悉。蒙添之货其价已涨,每千张定价二十七元,情因羊皮来源极缺之故。望视字裁酌。

七月二十九日 ◎致裕兴泰 明片

裕兴泰览:前呈之函,谅早收阅。今邮上货四千张,包内有发单一纸,至祈入目。再有一切情形,前信陈明,谅亦洞悉。余事后述。

七月三十日 ◎致新太记 明片

新太记:顷接手谕,敬悉。所有栀子涨价一事,亦恳照办。此乃敝号必需之物也,无奈何。再蒙添货,本应照发,情因此货猛然陡涨,未敢从命。前函陈明一切,祈为裁酌,请示定妥。

七月三十日 ◎致万祥发 明片

万祥发:前接大札,敬悉。并蒙赐下之款照信收明,已消尊册,祈勿念是幸。再有货物不日成就,即发不误。

八月初二日 ◎致三盛正 绛州城内东街 明片

三盛正王德元仁兄大人台览:自兄走后,即交付吴□代收洋一百元,谅早知悉。今又交与彼一百元,德盛正洋五十元。吴□不日亦有函致宝号,前后共二百元整,至祈入敝号之册为要。余事后述。

八月初二日 ◎致义和号 汉口 片

昌升卿兄大人台览：自前者由晋起程，谅早平安抵汉。启者，前蒙代销货款其数不多，奈为时久，仰恳交邮赐下以济急需，是为至感。再贵处有存货，万勿贱售。现下皮金价大涨，因羊皮缺乏之故，望祈注意可也。

八月初二日 ◎致三盛郁 片

德魁仁兄大人台览：今因此处黄货①稍缺，不敷应用，意欲在绛购点，不知现下其价如何？敬烦代为一询，速复一片赐明为念。余事后述。

注：
①黄货：即黄金。

八月初二日 ◎致张天骝 怀庆府 片

执事先生台览：久未函候，甚以为念。启者，今奉函无别，恳询问贵处时下黄货价目如何。望祈视字，速发一片提明为盼为感。余事后述。

八月十一日 ◎致德圣公 明片

德圣公台览：今接手谕敬悉，并蒙赐之款收明，勿念。承添之货本应照寄，缘因今年羊皮其价大涨而且缺货,因而皮金不得不相继照加。前者九元皮金今定十一元,十四元皮金今定十六元。此乃批发价目,不知尊意如何？故未敢唐突从事,特再请示定夺,速速见复,以便照办不误。

八月十三日◎致怀珍 航空

怀珍台览:前者寄去货六千想早收见,售出急速将款兑回以济困难。今日又寄上货六千,仍寄锦全昌提货。款子亦要陆续兑来,千万勿误。再,东君云,将货寄在别处可少货税。此非万全之策,虽省洋数元甚不放心,前开地点条又遗失了,此举作罢。再,义庆生之事,如无现款交咱,货物亦可代款,望祈上紧办理为要。又,货不日做成,急寄去不误。

八月十七日◎致万祥发 汉口

诸大执事先生台览:兹接尊片,一切敬悉。今交邮上货四千张计洋四十元,其余之货不日成就,即寄不误。再恳劳神,代购好鱼鳔五十斤寄下。该洋多少,望祈暂垫,后日再寄货结算可也。劳神之处,已默感于心矣。余事后述。

八月二十日◎致义兴升 镇江

义兴升台览:前接尊片,敬悉。蒙添之货本当即寄,缘因羊皮一时难购到手,故稍迟数日今方备妥,急交邮上一包计三千张,另附上发单一张,至祈台阅,请入敝册为感。余事后述。

八月二十

五日◎致万祥发

万祥发览：顷接大章敬悉，前日邮上货一件谅早收见。其余货物，本应陆续即寄，情因羊皮缺乏，其价又涨，一时难购到手，故迟延时日，谅不见责。再小号各庄货物不得已而又要增加，汉庄皮金订每千张十一元，黄皮金每千张二十八元。此乃时势使然，非小号得陇望蜀，亦非接得尊号添货之信贪得无厌，妄自涨价以负信义。小号虽不敏，此等之事决不为之。谅列位高明，定能理解此中情形耳。又蒙添各货，特再请示定夺。前恳代购鱼鳔，即为交邮是感。余事后述。

八月二十六日 ◎致新太记

　　新太记台览：前接手谕，敬悉。蒙添之货意欲早发，情因羊皮极缺，一时难购，故迟延时日，谅不见责。今邮上货三千张，暂应门市。随附发单一张，至祈台阅，请入敝册。其余之货，如后日幸能购进羊皮，再为赶作寄奉。倘尊处销售畅旺者，速速示之，以便预先着手备办。再，前恳代购栀子百余斤，请以速为盼。

九月初一日 ◎致三泰和　湖北樊城镇

　　王谢诗先生览：前蒙配敝号之货，今如命配就，即交邮局寄上。另附上发票一纸，至祈台阅，请入敝册为感。再货到，后日倘能畅消（销）者，望祈随时示知。

九月初九日 ◎致万祥发　汉口　明片

　　万祥发列位执事先生如晤：前接函谕，敬悉种切。并蒙发来鱼鳔二件，今照收讫。该款已入尊册，望祈勿念。再有黄白货物，不日成就，急邮。据云，汉地发现敝货，情因友人再三商恳，略给少许以全友谊，以后再无此等之事发现（生），望勿介意是幸。

九月初十日◎致裕兴泰 常州

裕兴太(泰)台览:前今连接二函,均悉。蒙添之货,因皮缺无有存货,得信后即着手赶作,今方备妥邮上。另有发单一张,至祈检收。至于尊处存款,后日有便再行开兑,另有函报。

九月十六日◎致裕兴泰 常州

厚卿我兄大人台览:前呈之函并货物一件,谅快收到。今敝号开上兑票,永合顺二百元正(整),仰恳不日见票迟三五日交付。如存款不足,乞代垫一步以济敝号之急,则感大德矣。再刻闻咱处日久不雨,麦虽下种,其苗不佳。粮价每石约三十元谱,小兑三千余,令人闻之胆寒,亦无奈何耳。

九月十六日◎致老忠兴 镇江

玉臣仁兄大人台览:前得来片,敬悉种切。今敝号开上兑票永合顺一百元正(整),望恳不日见票迟三五日交付,以济困苦,则感大德无涯矣。再,近闻咱处日久不雨,麦虽种下,其苗不佳,粮价每石三十元谱,小兑三千余,使人闻之寒心,亦无奈何耳。余事后叙。

九月十九日◎致万祥发 汉口

万祥发宝号列位执事先生台览:前呈明片一纸,谅早收阅。今交邮[寄]上货物一件,随附上清单一张,至祈检收。其余货不日成就,即邮不误。

九月二十日◎致义兴升 镇江

　　君平我兄大人台览：顷因敝处友人晋德兴来敝号云兑用百元，弟对答往后再兑，彼云有紧急用途，再四商恳。弟想友谊情面难却，只能应承。今即开上兑票晋德兴一百元正(整)，乞恳我兄不日见票迟三五日照付，万恳无却为感。交讫，祈赐一片。如蒙添货，亦祈示明是幸。再报咱处日久不雨，粮价大涨，每石三十元之谱，令人恐惶，亦无奈何。余事后详。

九月二十四日◎致怀珍 航空①

　　怀珍仁兄台览：前接航信尽悉。所托锦全昌兑回之款尚未收到，因该号未见信后日兑款，万望开一收条为要。今交邮上货一筒计三千三百，在锦全昌取货可也。后日不再寄货了。今附上前后货单一纸，照单查对。货卖完，将款兑回。再义庆生之事，上紧办理清楚，并各家货款收清，斟酌回号，可将烟叶捎回一二十斤。此路过汉口即往义和号，前欠款三十二元收回为要。再，今年苏庄约共发出十万有另(零)，货款陆续兑回多数。秋后无甚事，咱也不往南去人，望祈得知。再，东君贵体欠安，万望延请名医调治，静心养病。吉人天相，不日定能全(痊)愈，是弟等所盼望也。川事办理清楚，先来一信返乡。

　　注：

　　①信底账中夹条，上书：四川成都暑袜街吉祥店内寓交锦全昌收交何东君。

九月二十五日◎致益泰元

　　益泰元台览：前者承上之函，谅早阅悉一切。今接尊片敬悉。据云，前曾来函添货，但小号并未接见。今蒙添货，因皮缺尚无存货，不日再为赶作。惟货价前者早已陈明，每千张四十元，此是苏、申、常、镇一类普通。如合消（销）售者，再请来信示知为感。

九月二十五日◎致怀珍 航空

怀珍台览：昨呈航信在途，刻因集全顺接到川信云，兄交兑款二百元，第二天又将兑款取去作为罢论，又有须（许）多闲言，弟等实不解内中情形。我兄在外办事，总是含糊从事，使弟等甚为忧心。还望东君诸事谨慎，速速将款兑回以济困苦。万勿大意，号中幸甚，弟等幸甚。

九月二十六日◎致老忠兴

玉臣台览：日昨接奉尊片，敬悉一是。多蒙所要之货，今即交邮寄上一件，计货六千张，随附发单一张，至祈检收，请登敝册为感。余事后述。

十月初三日 ◎致新太记

新太记：前蒙发来栀子，刻照收讫，该款已入尊册，恳勿锦念。再前账结欠洋二百零六元四毛二分，除收净欠九十七元七毛。再恳诸翁分神，续发栀子百余斤，以备缓急应用。诸多敬扰，实于心不安，已铭感五内，莫（没）齿不忘矣。再对于货价一层，小号前函早已陈明苦衷，仰乞体恤，仍照前议之价仅能维持资本，外图渔利决（绝）对不敢，况且时常敬烦列公代购物件。一切劳神，小号已自感恩不尽。小号虽是不敏，略知信义为重，何敢放肆，以负雅意耳。

十月初三日 ◎致罗鸿泰

罗鸿太（泰）辑五兄台览：久未奉候，深以为念。现下此处各行生意清淡，各物昂贵，因而银根奇紧。但尊处货款后日遇有兑项，再为开兑百余元，另有函报闻。再报时下皮行羊皮早已售尽无存，黄货每两一百六十元。照此皮金后日无法制造，兄处存货万勿贱售为要。又，咱处日久至今无雨，麦苗不佳，粮价（每石）近三十元，分兑三千二百。

十月初六日 ◎致万祥发

万祥发台览：日前接奉手谕，敬悉种切。所有货物一层，实系皮缺之故，别无他意，万祈勿念是感。今交邮上货四千张，另附发单一张，至祈检收可也。后日货成陆续即发不误，决无他意，以负盛德。万望不必多心。

十月初七日 ◎致益泰元

益泰元：今接手字敬悉。蒙添之货，今照数邮上，随附发单一张，至祈检收,请登敝册。该款后日遇有兑项,另函再为开兑可也。

十月初七日◎致义兴升 镇江 明片

义兴升:顷接手字,敬悉兑款交讫,感甚。承询货价一事,近来仍旧四十元,但羊皮今年内贵贱无有,黄货一百六十元,后日皮金恐有涨无落。兄处存货,万祈抬价出售,切切为要。

十月初八日◎致怀珍

怀珍台览:前者连呈航信二书,谅早收见。刻因咱天昌久老房主陈雨仪,今着原中人来咱号云,刻下急要死契出卖房舍,要价四千五六至五千元。如咱不要,人家另有受主;非要不可,弟等想号中困苦,无法办理。不知我兄可有办法否?或是如何,火速来航信提明。此事万分紧急,不敢延迟。川事办妥返号。

十月十一日 ◎致万祥发 汉口 片

列位先生台览:前呈之函并货物一件,谅快收见。今接函谕,敬悉种切。蒙赐之款照数收清,祈勿锦念。再有货物造成,即寄不误。别言不叙,专此特奉。

十月十九日 ◎致协余鼎记 汉口万寿宫街十七号

协余鼎记宝号台览:日前接得函谕,敬悉询问皮银之价,今特报汉庄皮金每千张定价十二元,寄货一切等费均归宝号负责。祈宝号见草斟酌,请示定夺。敝号速发不误。至于货款,邮局代收亦可也。

十月十九日 ◎致信远号 北平

信远号宝号大鉴:知己不套,剪浮直陈。日前接来函谕,敬悉。蒙要之货,本欲早发,因小号羊皮金前已售尽无存,故迟时日,谅不见责。今交邮发上羊皮金五百张,内附上清单一纸,至祈检收,请登敝册。该款后日遇有兑项,另函再报可也。再启者,据宝号云,八月间发上之货,内有一小包短数六张。按小号之言,谅不得有错。小号虽不是敏,略知信义为重。余言后详。

十月十九日 ◎致百义通 郑州南街福中兴内

百义通协卿仁兄大览:前接函谕,敬悉种种。蒙蒙*定广庄金四千张,敝号甚为感德。只因今年羊皮价大,金子每两一百六十元。刻下广庄金绵羊皮每千张定价一百二十元,山羊皮每千张定价一百一十元。只因今年羊皮、金子忽然陡涨，此亦无奈何。因而现下皮金不得不相继随，并非小号接得尊号添货之信贪得无厌，妄自涨价以负信义。谅我兄高明，定能理解此中情形耳。又，蒙添之货，特再请示定夺是盼。余言后详。专此特奉。

十月十九日 ◎致三泰和　湖北樊城

谢诗仁兄大鉴：久未奉候，深以为念。现下咱处各行生意清淡，各物昂贵，因而银根奇紧。兄欠敝号之货款，速速兑来，以济敝号急需是盼。再报咱处日久无雨，麦苗不佳，粮价每石十一元谱。祈兄见草速赐回音。余言后详。

十月二十二日 ◎致裕兴泰 常州

厚卿仁兄阁下台览：昨日接奉尊片，敬悉一是。多蒙所要之货，今即交邮寄上一件计货五千张，随附发单一张，至祈检收，请登敝册为感。该款后日遇有兑项，另函再报可也。余言后详。

十月二十六日 ◎致万祥发 汉口

万祥发宝号台览：日前接来大章敬悉，并蒙兑来之款如数收讫，已消尊册，祈勿锦念。今敝交邮发上货一件，随附清单一纸，至祈检收，请登敝册。再有货物后日成就，即寄不误。余言后详。

十月二十七日 ◎致裕兴泰 常州

厚卿我兄大人阁下台览：前呈之函并寄上货一件，谅快收到。今敝号开上兑票永合顺通行洋二百五十元整，仰恳不日见票迟三五日交付。如存款不足，祈代垫一步，以济敝号之急则感大德矣。将款交给之后，赐一回音为盼。余只（则）后详（详）。

十月二十七日 ◎致益泰元 常州

益泰元宝号执事先生惠览:启者,今敝号开上兑票永合顺通行洋一百二十元整,望恳不日见票迟三五日交付,以济敝号困苦,则感大德无涯矣。将款交给之后,赐一回音为盼。余事后详。

十月二十七日 ◎致罗鸿泰 上海

罗鸿泰宝号润生我兄大人台览:日前接来函谕敬悉。蒙要之货,速速做造,候二三日速交邮发上不误。今敝号开上兑票永合顺通行洋一百五十元整,仰恳不日见票迟三五日交付,以济敝号之急则感大德矣。将款交给之后,赐一回音为盼。

十月三十日 ◎致罗鸿泰 上海

润生我兄大人惠鉴:前呈之函并永合顺兑票,谅该投前早到否?今敝号交邮寄上货一件,计数五千张,随附发单一纸,至祈检收,请登敝册为感。再者将款交给之后,赐一回音是盼。余事后详。

十月三十日 ◎致信远号

信远宝号执事先生大鉴:日前接来大章,内情均悉。前次蒙上云羊皮金短数六张,今敝号照补并信内甬(附)上,至祈检收,请登敝册是盼。后日遇有兑项,另函再报可也。余事后详。

十一月初一日 ◎致信远号 北平

信远号宝号惠览：前呈之函并补上羊皮金六张，谅该投前早到否？今敝号开上兑票一纸永合顺通行洋五十元五毛，仰恳不日见票，迟三五日交付，以济敝号之需用，则感大德矣。将款交给之后，赐一回音是盼。再启者，祈宝号劳神与敝处友人询问贵处所出的煤（媒）染洋碱每百斤价值若干，来信代一笔是要。余事后述。

十一月初一日 ◎致协德利 西包头川行店

协德利宝号郁文仁兄先生大鉴：厚交不套，浮交（言）勿叙。启者，日前接来函谕，内云种切。蒙要之货本当速寄上，情因敝处现在市面平安，省钞、法币①不分彼此，普通一样使用，故敝号为（未）有遵命寄上。祈兄见草斟酌，若能照原价省钞三十元五毛，速来回音，敝见信速发不误。至于寄货等费，均归宝号负责，款子邮局代收亦可也。敝号不敢冒(贸)然从事,特奉函请示立夺,速速见复,以便照办不误。余事后详。

注:

①省钞:即晋钞,指民国时期阎锡山控制下的山西省银行等金融组织发行的各种纸币的统称。法币:民国时期国民政府发行的货币。

十一月初一日◎致德顺源 绥远

子彬兄览:日前接来函谕,尽悉。前账存台洋三元五毛,委交永盛德。今已遵命照付,请勿锦念。启者,刻下四号金,每千张十七元。祈宝号见草斟酌,如若合销,来信示知,敝速发不误。

十一月十一日◎致新太记 福州

新太记宝号执事先生大鉴:启者,日前连接尊函二封,内云备悉。蒙发来栀子一百一十三斤,至今未见寄来,想是途中有误,敝号甚为远念。再启者,所有货价一节,本该谨遵台命,情关现下之价,只能扣算不亏血本足矣,而想现下生意已在争竞之际,敝号决(绝)不敢另外渔利,望祈提念。知己仍照前议之价出售,而代人求利足矣。再启者,后首栀子收妥者,另有函报。余事后详。

新太记宝号诸位先生台览：启者，日前呈上一函，谅该投前早到否？蒙发来栀子七件，业已收讫，祈勿锦念。该款已入尊册。再启者，前后账目挽结，除收下欠敝号洋三十二元九毛六分，蒙兄着邮兑来，以济需用是盼。一切劳神见光之处，敝号已自感恩不尽，后首泥谢为祷。余事后详。

十一月十三日 ◎致新太记 福州

十一月十四日 ◎致协德利 西包头川行店

协德利宝号大鉴：启者，日前接来函谕，尽悉。蒙添之货，今交邮发上银双料金两千张，三十元五毛合洋六十一元，又付邮局寄费洋一元，二共计洋六十二元。祈台号见草着贵处邮局交款提货，实为两便。余事后述。

十一月十四日 ◎致锦生蔚 太谷鼓楼街

锦生慰(蔚)宝号大鉴：久未奉候，深以为念。启者，闻听宝号代售皮金苦口苦心,敝号多蒙照顾。今特报净黄金每百张价洋二十三元,如台号合销者,来信示知,敝号速发不误。至于货款,邮局代收亦可也,此乃商家两全之美矣。祈宝号见草赐一回音是盼。余事后详。

十一月十五日◎致老忠兴　信

玉臣乡兄大人台览:启者,今接尊片,内云领悉。蒙添之货,今即交邮寄上一件,内计大皮金一千五百,小皮金两千,共合五千张,随附上发单一纸,至祈检收,请登敝册是盼。至于货款一层,后首若有兑项,与兄立票兑去数百元,另有函报。余只(则)后详。

十一月十六日◎致希之　湖北樊城后街三泰和内

希之乡兄①大人台览:自己不套,浮言勿叙。迳启者,日前接来函谕,内云种切。并信内甬(附)来汉票一纸计洋一百元,业已收讫,祈勿锦念。再启者,祁文源兄来敝号云,与兄在(再)发上皮金若干。敝号遵命交邮寄上,随附上发单一纸,至祈检收,请登敝册是盼。异日货到,蒙兄之光,将款兑来,以济小号年关之难。一切见光之处,后首泥谢为祷。余事后详。

注:

①希之乡兄:王希之乃晋城人,在湖北樊城办有铁号,故常以乡兄称。

十一月二十一日◎致万祥发　汉口

万祥发宝号大鉴:启者,日前接来华函尽悉,并蒙兑来之款,业已收讫,祈勿锦念。今小号交邮发上货一件,随附上发单一纸,至祈检收是盼。再有货物后首成就,即发不误。余事后详。

十一月二十九日 ◎致裕兴泰 常州

　　厚卿仁哥台览:前上一函,谅早收阅。现下年关将近,弟号种种开支甚大,难以应付,无奈特恳鼎力以度(渡)难关,则感大德无涯矣。今开有兑票永合顺通行洋一百五十元整,万恳不日见票迟三五日交付为感。再报弟前者返家略住数日,咱处平安,但十月初降雪一指,不济农事。粮价二十六元①,玉麦十七元,谷十三元,[棉]花四十二元,零兑三千四百文。

　　注:

　　①信稿中"粮价",一般是指小麦价格。

十一月二十九日 ◎致老忠兴 镇江

　　玉臣仁哥台览:前呈之函,谅阅悉矣。刻因年关将近,弟号种种开支甚大,无法应付,今特恳鼎力以度(渡)难关,则感盛德无涯矣。今弟号开有兑票永合顺通行洋五百元整,万乞不日见票迟五日交付为感。再报弟前者返家略住数日,咱处安靖,十月初间降雪一指,不济农事。粮价二十六元,玉麦十七元,谷十三元,[棉]花洋四十二元,零兑三千四百文。望祈得知可也。

十一月二十九日◎致义兴升 镇江

君平仁哥大人台览:久未拜候,深以为念。启者,刻因年关将近,小号种种开支甚大,无奈特向各友处收罗账款以度(渡)难关。小号今开有兑票永合顺通行洋二十元整,仰恳不日见票迟三五日交付以作两清。再报咱处平安,惟于十月初天降雪一指,不济农事。麦苗虽佳,日久不雨,终难济事。因而人心恐惶,亦无可奈何耳。

十一月二十九日◎致义兴升 常州

列位乡兄大人台览:久未拜候,深以为念。启者,时因年关将至,敝号种种开支甚大,难于应付,无奈只可向各友处收罗账款,聚少成多,以度(渡)难关。敝今开有兑票永合顺通行洋十三元整,千乞不日见票三二日交付以作两清。一切恩惠,容后拜谢是幸。

十一月二十九日◎致罗鸿泰 上海

润生仁哥大人台览:前接函谕,敬悉驾临沪上视事,甚慰敝怀。时因年关将近,敝号种种开支甚大,难以应付,无奈特恳鼎力资助,以度(渡)难关。种种恩惠,莫(没)齿难忘也。今敝号开有兑票永合顺通行洋一百五十元整,仰恳不日见票,迟三五日交付为盼为感。余容后叙。

十一月二十九日 ◎致协德利 西包头川行店

执事先生台览：顷接尊片敬悉，蒙赐之款照收，望勿锦念耳。再报时下货价三十七元，而且无货，因羊皮贵贱无有之故。特此报闻，余事后述。

十二月初四日 ◎致万祥发

万祥发台览：前呈信件，谅早一并收到。今又与宝号发去货一件，随附发单一纸，至祈收阅。该款恳即交邮兑下，以济年关开支则感盛情矣。再，刻下小号因无皮已停作，货物今亦扫数与宝号发去，大约开年二三月始能开作造货矣。余事后述。

十二月初五日 ◎ 致三泰和

希之乡兄大人台览：前呈信件等谅早收阅。时因年关将近，种种开支甚大，银根甚紧，每逢年关困苦情形谅兄高明，必早洞悉一切。但货款一节，还恳阁下赶年内无论如何务请掷下，以度（渡）难关。兄台一切恩惠，已默感五内矣。如货未脱手者，亦乞设法资助，万望勿误是为盼。切切为要。

十二月初六日 ◎ 致何东君 家信 单挂号

怀珍东君台览：昨日接来航信，知东君由川返家。刻因咱房主陈西仪卖房甚急，决不再缓日期，无奈有司萝九、侯锦昌从中调处，暗地向李古泉商议，彼有意要房。时下同中将房明卖与咱，除典价再与房主找洋九百七十元为死业，此款亦是古泉暂为垫出，如东君不愿要房，原物归与古泉为业，与咱无干；咱乐意要房，咱须多出洋一百元作为古泉利息洋，共为一千零七十元，税契等费在外，大约亦不在少处，共约一千数百元之谱。万望东君斟酌，有意要者速兑来千余元，如不要者作罢，或是如何，祈即速先来信一提为要。号中极为困苦，不言可知，如东君能以来号更好。

十二月初七日 ◎ 致新太记 福州南台观井路三十九号

新泰（太）记宝号列位先生台览：今接奉函谕敬悉，承蒙由三义公拨来之款，如命收讫，已入尊册，以作两清。祈台勿锦念是幸。

十二月二十日 ◎ 致罗兴泰 上海

吉亭师兄大人如面：久未拜侯，甚以为念。启者，今附上清单一纸，至祈查对。如无舛错，照单结住，恳赐一片为盼。再报咱处秋后至今雪雨未降，人心恐惶不定，粮价三十元，秋[粮]约二十元，小兑三千五百，望祈知悉可也。余事后述。

十二月二十日 ◎ 致老忠兴 镇江

　　玉臣仁哥大人台览：今接函谕敬悉，照付兑款感甚。兹附上清单一张，至祈查对。如无舛错，照单挽住，恳赐一片为盼。余事后述。

十二月二十日 ◎ 致裕兴泰 常州

　　修甫仁哥大人台览：前接函谕，敬悉。多蒙垫付兑款，不胜感激之至。今附上清单一纸，至祈查对。如无舛错，照单挽住，恳赐一片为盼。余事后详。

十二月二十日 ◎致罗鸿泰 上海

　　润生余兄大人台览：今接函谕，敬悉照付兑款，甚慰。前者来信云及货价一节，敝号因皮步步增价，均按本以开价，决（绝）不敢妄求余利。常、镇各处皆是一类相同，况且前者早已有信报闻，实系肺腹（腑）之言，决（绝）不敢设心有欺，恐负大义。望祈细心详察，方知敝号言之不谬也。今附上清单一纸，查对照单结住，恳赐一片以免记念。

十二月二十七日 ◎致义庆生 成都西顺成街六十二号

　　子明卿兄大人台览：自川拜别，至半途因船搁浅，船底受损几至覆没，幸有沿江民船打救，弟始赖庇佑遇救，实万分之幸。当时因打捞不及，已沉没数人，真乃令人寒心①。再，弟居府上，多蒙种种照顾，一切已铭感于心，莫（没）齿难忘矣。再，恳吾

子明卿兄大人台览自川拜别至半途因船搁浅船底受损几至覆没幸有沿江民船打救弟始赖庇佑遇救实万分之幸当时因打捞不及已沉没数人真乃令人寒心再弟居府上多蒙种种照顾一切已铭感于心莫齿难忘矣再恳吾兄再托

兄将川烟卷与弟邮来三元的，拜托。②

注：

①何东君四川之行，险遭不测，回来之后更为消极，几乎不过问号内之事。

②何赴川，不知义庆生的问题如何解决，但从此信中可以看出双方紧张关系得以缓解。

十二月二十七日◎致大昌永 成都锦江桥街

大昌永列位执事先生台览：自川拜别之后，于前日平安到号，望祈勿念。再，敝号川庄皮金及各种皮金，自今年秋后羊皮被羊（洋）庄收尽后价大增，而且无皮，因此受影响无皮造货。以后货价实难预料，后日□获幸能上收羊皮，敝号始有工作可能。如洋庄如旧收罗，敝号亦无开作之希望也。余事后叙。

十二月二十七日◎致万祥发

列位先生台览：前接函谕敬悉，蒙赐之款已清尊册，乞勿锦念。又蒙惠赐下冬笋，本不敢领受，又恐有拂盛意，奈只可愧领，不胜感激之至。又蒙嘱货物，后日幸能早日造出，准一一如命遵办不误，亦恳勿念是幸。

民国二十六年

Minguoershiliunian

（1937）

阴正月十三
日 ◎致豫益永 禹
州

列位执事先生台
览：日前接奉台谕，敬
悉。承蒙询及货价一
事，因去岁羊皮极缺
故未存货，惟货价现
时约一千四百元①之
谱。今年羊皮更加昂
贵而又缺乏，以后货
价实难预料。诸祈裁
斟，如有意者请随时
赐知可也。余事
后详。

注：

①这是以万张论
价，亦属高品质品种。

民國贰拾陆年新正月新春凓禧

阴正月十三日禹卅豫益永

列位执事先生台览：日前接奉台谕凓意

承蒙询及货价一事因去岁羊皮极缺故

未存货惟货价现时约一千四百元之谱今年羊皮

更加昂贵而又缺乏以后货价实难预料诸

祈裁酌如有意者请随时赐知可也笔不尽详

正月十九日 ◎致义兴升 镇江 片

润生我哥大人如握：顷接函谕，敬悉。驾临镇地，甚慰敝怀。启者，蒙询及货价等，情因去年缺皮之故，存货早已销完，造做新货尤加困难。价洋一层，刻难预料。看其情形，后日幸能有皮，价必在四十元以上。兄处如有存货，万万增价为上是祷。此祝财安。

修甫仁兄大人台览：前今连接二函，敬悉种切。蒙添之货，刻即邮上一件，另有发单一纸，至祈台阅。但货到之日，万望高价出售为要。况今之货扫数与兄发上，以后羊皮更加缺乏，还不知何日才有皮来，甚是忧虞。如以后幸能有皮，或价洋若何，届时随再报闻可也。余事再叙。

正月十九日 ◎ 致裕兴泰 常州

正月十九日 ◎ 致老忠兴

玉臣：前接手谕敬悉。蒙添之货，今即如命寄上，另有发单一纸，至祈台阅。但货到万望高价出售为要，因羊皮较前更加缺乏，尚不知何日才有皮来，甚是忧虞。日后幸能有皮，货价若何，随时再报可也。

正月十九日 ◎ 致罗兴泰 上海

吉亭师兄大人如面：前接来函，敬悉一切。并责备未复回函一层，前者因弟返里于冬月二十来号，号中云已有函达复矣，故不再念，恳祈恕罪为感。再，蒙要货物，实因去年皮缺乏，不曾存货，甚是抱歉。今年皮更加缺乏，尚不知何日才有皮来。后日如有皮来，再为函报。看其情形，以后货价必在四十多元，兄处存货万万不可贱售为要。再，敝东在西安贵号欠货洋一元八毛，今已入尊册。尊款本欲奉赵，弟恐不甚雅观，后日如有货寄奉，再为结算可也。

正月十九日 ◎ 致义兴升 常州 片

列位先生台览：前接大片敬悉。蒙添之货，情因去年羊皮缺乏，故未存货，甚觉抱愧。今春皮更加缺乏，当不知何日才有皮来，以后如有皮到，再为函报贵处。如有存货，万不可贱售，以后货价大约必在四十多元，望祈知悉。

正月二十四日 ◎ 致四聚公号 湖北谷城米粮街 明片

克贤先生台览：今接手谕敬悉。蒙添之货，因刻下货价较前已涨，每百张计洋二十五元。如合意者，祈先将款掷下，否则由邮局代收货款亦可。诸祈裁酌，便赐一函为感。

正月二十六日 ◎ 致协德利

协德利台览：前呈明片谅早收阅，顷接手谕敬悉。但现下皮金因无羊皮,其价大增,刻下每千张四十四元,而且缺货。望祈裁酌,如合销售者,乞便赐明,否则作罢。此复。

正月二十八日 ◎ 致益丰号 福州下杭街交

益丰号道惠邱公大人台览:顷接手谕,敬悉种切。今蒙提倡敝货代为推销,无任欢迎之至。但去岁羊皮缺乏未能存货,货价刻[下]四十三元谱。今春皮更加缺乏,难以开始工作。后日如有皮来,再为开作造货。价目或增或落,后日另函报闻不误。余事后述。

二月初一日 ◎ 致王希之 樊城

希之仁兄大人:入春以来,百福骈臻,万事亨通,以欣为祝。启者,顷接手谕收悉,并蒙赐下汉票一纸,已交祁文源代使,后日兑正即入尊册不误。又蒙添擦黄金一事,因陈货消(销)尽,祈待二月以内如有皮到,即为开作造货,发货少许。该货刻下定价每千四十五元,以后之货或增或落,随时再报。贵处存之净黄金,万勿贱售。因今年羊皮更为缺乏,各金必有陡涨之举。望祈早为之计。

二月初二日 ◎ 致义兴升 镇江 片

润生我兄大人台览:前今连接手字,敬悉种种。蒙添之货,缘因去岁羊皮缺乏,故未存货。今年羊皮又是极缺,甚于去年。后日如有皮来,方能开作造货(以后如有皮来,方能开作造货①)。以后急当随时报闻。贵号之货,万望高价出售为感。今年之货,因缺皮之故不能充足,望祈早为计耳。余事后叙。

注:
①此为书写中的重复之误。

二月初二日 ◎ 致老忠兴 镇江 片

玉臣仁兄大人台览:顷接手谕,已悉一是。蒙要货物,前已扫数寄上,刻下无存货。今年羊皮更加缺乏,如后日有皮来到,即为赶造货物,照寄不误。再,大概今年货价有增无减,万祈早为之计,高价出售为上。

二月初三日 ◎ 致三盛正 片

支翁、德元二位先生台览:前曾言明,正月底付交福源聚百元。今已如数照交,仰祈勿念,并祈入敝册以作两清。此祝近安。

二月十三日 ◎致罗鸿泰

罗鸿太(泰)台览：顷接手字敬悉。所委发货一节，因去年缺皮故无存货，今年更加缺乏，至今尚无皮可购，亦无奈何。又现下皮金价四十余元，而且无货。后日如有皮来到，金价或增落，急再通信达知不误。再，去冬寄呈清单一张，并恳查对账目一事，来字亦未提及，甚以为念。复祈便信一提为盼。

二月十三日 ◎致忠义成

忠义成大览：顷接大章，并赐之款收明。蒙委发货一事，情因缺皮之故，该货每千价洋四十八元，不敢造次发货，特再请示定夺，否则原款奉赵。再，后日如有皮来，其价或增减，随时再报。

二月十六日 ◎致万祥发 明片

万祥发：顷接手谕敬悉。蒙委发货一节，甚慰。但是羊皮至今更加极缺，无皮可购，因而不能工作。后日幸能有皮来到，急为加工造货，如命准发不违。价目一层，后看皮价如何再为公开，决不有负。特此复闻。

二月十八日 ◎致三盛郁号 绛州东街

德仁、德奎二翁大人台览：久未修候，渴念良甚。刻因小号开作再即，存皮不足应用，恳祈见字即发来皮一包。如不成一包，先请发数百张，后再补发。其价多寡，仰祈公开，决不违命。该皮发后如有兑项，请即开票来取可也。但是，该皮劳神拣选细毛眼，及张页好些为佳。遇便祈赐一音为要。余事后详。

二月十八日 ◎致德兴公号 绛州府君巷

董翁、德文二位先生台览：相交知厚，套言不陈。启者，时因敝号开作在即，存皮不足应用，望祈视字劳神，拣选好些皮发来一包。倘不足一包者，请先发来数百张，后再补来。其价多少，仰祈公开，决不违命。该皮发后款项，望祈开票来取可也。余事后详。

二月十八日 ◎致三盛正号 东街

支翁、德元二位先生台览：久未字候，甚以为念。启者，时因敝号开作在即，存皮不足使用，恳求视字劳神，拣选好点皮发来一包。如不足一包，祈先发来数百张，后再补足。其价多少，望祈公开，决不违命。该皮发后款项，望祈开兑票来取可也。又，把德盛正之皮祈发些为盼。余事后祥。

二月十九日 ◎致希之 湖北樊城后街 片

希之仁兄大人台览：蒙要擦黄金，今交付祁先生代寄二百张，附有发票一张，至祈查收，暂应门市。小号因皮缺乏存货不多，后日货充足再为复开不误。余事后述。

二月二十日 ◎致世长 河南温县城西南贾镇交玉兴永宝号收转贺村寨

世长仁兄台览：今接手字，敬悉种种。蒙询敝号各货时价一事，因皮缺之故，其价较前升增。但净黄金：棉（绵）羊皮每百张三十元、山羊皮每百张二十八元、白皮金每百张四十八元，望祈见草自为裁夺可也。余容后叙。

二月二十五日 ◎致罗鸿泰

罗鸿太（泰）鉴：顷接大章敬悉。随又复上清单一张，至祈查对，便信赐明为盼。前蒙委发货感甚，但羊皮至今贵贱无有，令人甚是着急，亦无奈何。大约皮在三四月约有少许，其价当不知增至如何地步。如后日有皮来，上紧赶货。货价时报闻不误。

二月二十八日 ◎致锦生蔚 太谷鼓楼街

锦生蔚宝号台鉴：启者，今接明片，一切尽悉。刻下羊皮比去岁价大、缺少，特报净黄金每百张价洋二十六元。宝号远购者来信提明。所有货款邮局代收，此乃两全之美。祈台急来回音为盼。财安。

二月二十八日 ◎致忠义成 陕西耀县

忠义成宝号执事先生台鉴：启者，兹因今接一函，内云领悉，一切所知。今着邮局寄上黄色皮金一包,内计数六百一十张,四十八合洋二十九元二毛八分,外加邮费、油纸、皮布共该洋四毛二分,此二宗共该大洋二十九元七毛,下余洋三毛,随信通去。祈宝号将货收到,急赐回音。再者,刻下羊皮价大、缺乏,看后日羊皮价涨落,另信报知。晋地天雨未落,麦苗不好,粮价其(奇)贵。余事后详。

三月初三日 ◎致裕兴泰

修甫仁兄台鉴:启者,兹因小号今与敝处永合顺兑去通行洋二百五十元整,与伊立有天字吉号兑票一张。该号转兑至宝号,祈兄见票二三日照交无错,切切为盼。前者小号与台寄上之货未知出售否,如有存货万不可少价速售。刻下金、皮昂涨,小号无法进行。现在小皮金价至五十元之谱不定。后首有皮,小号赶造速发,另为报价奉函可也。余言不赘,专此并候。

三月初三日 ◎致老忠兴 送信

玉臣乡兄台鉴:启者,兹因敝号今开上兑票永合顺通行洋四百元整,与伊立有天字二号兑票一张。该号将票转使到镇,恳乞见票三五日照交无错,切切为盼。前者小号与台寄上货未知出售,如有存货万不可少价速售。刻下金、皮昂涨,小号无法进行。现在小皮金价至五十元之谱不定。后首有皮,小号赶造速发,另为报价奉函可也。

三月初五日 ◎致益泰元

益泰元宝号大鉴:启者,兹因昨接尊片,各切尽悉。蒙要之货,小号甚为欢迎,感情不望(忘)。实因今年羊皮甚少,贵贱难买之故,刻下小皮金价洋五十元之谱不定。后首有皮,小号赶造速发,另为报函可也。

三月初七日 ◎致信远号 北平 明片

信远号宝号台鉴:启者,兹因今接明片,丞悉要货一节,刻因金皮倍涨而缺减,小号实属无法对待顾主,特报去连四黄色皮金每百张价洋十二元,实难故(顾)其本,不得不应其门市。祈台见字斟酌,如照所报之价,赐信赶造速发不误。余言后详。即请财安。

三月初七日 ◎致义隆祥 镇江

义隆祥宝号大鉴:启者,兹因昨接手谕,敬悉。蒙要之货,小号甚为欢迎。情因去年金皮涨价、缺乏,故未存货。今春皮更加缺乏,特报去小皮金每千价洋五十元。祈宝号见字斟酌,如合销售来信,赶造速发。所有货款一层,邮政代收可也。余言后详。

三月初九日◎致锦生蔚 太谷鼓楼大街

　　锦生蔚宝号列位执事先生惠鉴：厚交不套，浮言勿叙。启者，顷因接来尊片，领悉。蒙要之货，遵命交邮寄上，随附上发单一纸，至祈查收。祈台见草速着邮局交款提货，实周商家之便。再者，宝号云少价一点，本不敢违命，乃因小号所报之价以（已）在血本之内，故不能少价，祈宝号海涵原谅。再者，现在生意以（已）在争竞之际，则能维持资本不亏小号以（已）觉满意，分外妄图渔利决（绝）对不敢，恐防于前途有碍。再者今虽初交，来日方长，小号决不有负之处。再者，后首添货来信详明，小号速发不误。余事后详。

三　月
初九日◎致
老忠兴 镇江
西门外天主
街

　　玉臣我哥
大人惠鉴：厚
交不套，浮言
勿叙。启者，
前呈之函并永
合顺兑票一

纸,谅该投前早到否？祈兄见票迟三五日照交为盼,勿误为要。将款交给
之后速赐一回音,以免远念矣。此款本不应兑,乃因今年小号购买金、皮非
现款不成,故耳(而)将款兑上。祈兄海涵原谅,小号后首补情。再报今年
金、皮原料昂涨不定,刻下皮金之价约在五十元之谱。如兄处存有皮金,万
万不可贱售。后首羊皮来到,急速做造,与兄速发不误。再报咱处月间天
雨落透,秋苗安好。所有一切见光之处,后首晤面泥谢为祷。余事后详。

三月初
九日 ◎ 致裕
兴泰 常州

修甫仁兄
大人台鉴:自
己①不套,剪浮
直陈。启者,
前呈之函并永
合顺兑票一
纸,谅该投前
早到否？今又
接来尊片,蒙

要之货本该速发,情因刻下无现货,因羊皮昂涨,贵贱难买之故。以后幸能
有皮,速为造货,急速寄上不误。看其情形,小皮金之价必在五十元以上之

谱。再报咱处天雨落透，秋苗安好。再我兄收兑之款，交给之后赐一回音为盼，以免远念矣。一切见光之处，则感大德无涯矣，弟后首见面泥谢为祷。余事后详。

注：

①自己：信稿中多用于对山西老乡的称呼。

三月十六日◎致信远号 北平 信

信远号宝号台鉴：厚交不套，剪浮直陈。启者，顷接大章，尽悉一切，并责备敝号未复回函，早报羊皮金价一层，情因去年金皮原料增涨不定故耳，敝号不敢冒（贸）然报价。再者敝号前报之价，以（已）在血本之内，决（绝）不敢有负宝号。再者现在生意以（已）在争竞之际，妄图渔利决（绝）对不敢之意。敝号所言不情之语，祈宝号海涵原谅。再，羊皮金速为做造，做妥之时速交邮寄上不误。余事后述。

三月十六日◎致万祥发 汉口 信收

列位执事先生惠鉴：厚交不套，浮言勿叙。迳启者，顷接大章，尽悉一切。蒙要之货，礼（理）当照发，乃因今年羊皮原料极缺。前信亦以（已）详明，谅宝号早洞悉矣。现在羊皮少许有点，因价昂涨，比较去岁增长一半，故耳（而）皮金亦增涨价。今特报擦黄金千张洋五十元，八折金千张十五元。祈宝号见草斟酌，速一回音为盼。敝号将货做成，速发不误。余容后详。

三月十七日◎致罗兴泰 上海

吉亭师兄大人阁下台鉴：自己不套，浮言勿叙。迳启者，所欠尊款，本当早为奉赵,弟恐不甚雅观。以弟之意,后者寄奉货物再为结算可也。今又接来华翰,尽悉一切。所欠宝号之款十五元八毛,祈兄见信向申罗鸿泰照数收取可也。各凭各信,未立票据。祈兄将款收妥之时,赐一回音为盼。再报刻下小皮金价,每千张五十元。祈宝号见草斟酌,如合售者来信详明,敝号照发不误。余事后详。

三月十七日 ◎ 致罗鸿泰 上海

辑五我兄大人台览:厚交不套,剪浮直陈。启者,顷接大章,领悉一切。所有最后之小金五千张,宝号按三十七元收账,以敝号之账四十元相差十五元之数。祈宝号收回成命,乃照前议之价结算可也。再祈兄见信问送交申罗兴泰洋十五元八毛,各凭各信,未立票据。将款交给之后赐一回音为盼,以免远念矣。再报刻下小皮金之价,每千张五十元之谱。蒙要之货礼(理)当速发,情因去岁存货售完,刻是现货之故耳。后首将货做成,另为函报。余事后述。

三月二十一日 ◎致三顺永

李登云仁兄先生惠鉴：启者，弟由绛起身，于初九平安到号，祈勿锦念。弟所欠尊款三十元委交驻晋福源聚，今已如数送交福源聚。祈兄见信向该号收款是要。收妥之后，来信示知。再报晋城天雨落透。再报荣德永之绳，价洋七元四毛五分之谱。余事后详。

三月二十二日 ◎致德盛正 明片

肯堂老兄台鉴：启者，兹因敝所定之皮，祈兄见片速为运来，以济急需之用。万祈兄皮成色要好，张页好（要）大，是为重要。余情后详。

三月二十二日 ◎致三盛郁 片

德仁老兄台鉴：启者，前接大章，内云种切。情因弟所定之皮，速为运来，以济急需之用。万祈兄皮成色要好，张页要大，是为重要。余情后详。

四月初一日 ◎致义兴升 镇江 片

润生仁兄台鉴：启者，顷接二函，敬悉一切。蒙要之货，小号速为做造，后首做成，速交邮寄上不误。再报刻下小皮金之价，每千张六十元，情因羊皮昂涨之故耳。内中苦情，不必细陈，谅我兄高明，早洞悉矣。祈兄见草斟酌，如合售者来信示知，敝号照发不误。余言后详。

四月初二日
◎致信远号 北平

信远号宝号台鉴:启者,前呈一函,谅该投前早到否？今敝号交晋邮局,与宝号寄上黄色连四皮金一件,内计四百张,随附上清单一纸,至祈查收,请登敝册是荷。再者,祈宝号将货收到,万望提高价出售是要。刻下所做之货,按成本计算,以(已)合每

百张十五元。如宝号后首添货,货价每百张十五元。情因羊皮并做皮金各种原料昂涨之故耳,敝号亦无奈何耳。祈台将货收到,赐一回音为盼。货款一层,后首遇有兑项再为开兑,另有函报。余事后详。

四月初五日◎致老忠兴

玉臣仁哥台鉴:启者,日前来连接尊片二页,敬悉一切。蒙要之货,本该速发,乃因羊皮缺乏之故耳。内情谅我兄高明,早洞悉矣,不必细陈。今敝号交邮寄上皮金一件,随附上发票一纸。至祈查收,请登敝册。将货收

妥,祈兄万勿贱售为要。刻下所做之货按血本计算,小皮金之价每千以(已)合六十元,后首发货价洋六十元。祈兄见信早为之计耳。此次发货不多,只能暂应门市,后首补发。余事后详。

四月初五日 ◎致益泰元

常州 片

益泰元宝号台鉴:启者,前今连接尊片三页,敬悉一切。蒙要之货速为做造,候己(几)日成妥之时速发不误。再者,发货迟期之日,情因今年羊皮缺乏、昂涨之故耳。内情不必细陈,谅台明达早洞悉矣。再报刻下小皮金之价洋六十元。余事后详。

四月初七日 ◎致罗兴泰

上海

欣卿仁兄大鉴:启者,日前连接二函,敬悉一切。蒙要之货速速做造,做成之时寄上不误。刻下小皮金之价,每千张价洋六十元。情因羊皮比前次增涨一半,此亦无奈何耳。祈兄见草斟酌,如合售者来信详明,敝号速发不误。余事后详。

四月初七日◎致罗鸿泰 上海

辑五老兄台鉴:启者,日前接来尊信,敬悉一切。蒙添之货,刻下正开作赶造。做成之时,寄上不误。再报刻下之小皮金之价,每千张定价六十元,情因羊皮比前次增涨一半。内情不必细陈,谅兄明达早洞悉矣。祈兄见草斟酌,如合售者来信示知,敝速发不误。余事后详。

四月初七日◎致义隆祥 镇江 片

义隆祥宝号台鉴:启者,日前连接尊信二页,敬悉一切。蒙添之货速为做造,候己(几)日成妥速发不误。再者,发货迟期之日,情因羊皮缺乏之故耳。内情不必细陈,谅台明达早洞悉矣。至于货款,着邮局代收亦可也。再报后首添货,价洋六十元。祈台将货收妥,万望提高价出售为要。余情后详。

四月初八日◎致裕兴泰 常州

修甫乡兄台鉴:迳启者,日前接来尊片,敬悉一切。蒙要之货,乃因羊皮缺乏之故,内情不必细陈,谅兄高明早洞悉矣。今敝号交邮寄上货一件,随附上发票一纸,至祈查收,请登敝册。祈兄台将货收到,万望提高价出售为要。刻下所造之货按血本计算,小皮金之价每千张六十元。后首发货,价洋六十元。祈兄见草之后,早为之计耳。此次发货不多,只能暂应门市,后首造成补发不误。余情后详。

四月初九日 ◎致 万祥发 汉口

万祥发宝号列位执事先生大鉴：迳启者，日前接来手谕，敬悉一切。蒙添之货，今交邮寄上货一件，随附上发票一纸，至祈查收，请登敝册是荷。货价一层，本不敢违命，情因刻下所造之货，按血本计算亦是亏本。内中苦情不必细陈，谅台高明早洞悉矣。此次发货不多，只能暂应门市，后首补发不误。余情后详。

四月初九日 ◎致新太记 福州南台观井路三十九号

新太记大宝号列位先生台鉴：厚交不套，浮言勿叙。迳启者，顷接尊谕，敬悉一切。询问货价一层，甚感。今特报小皮金之价，每[千]张价洋六十元。祈台见草斟酌，如合售者来信示知，敝号速发不误。余情后详。

四月初九日 ◎致三泰和 湖北樊城 片

希之乡兄台览:启者,前呈之函并寄上之货,想该早收妥否? 祈兄将尊账所欠敝账尾之款,蒙兄之光着邮局兑来,以清手续为盼。再者,如兄处若有存货,万万不可贱售。刻下净黄金之价增涨三十元,擦黄金五十元,亦是缺货。祈兄见草早为之计耳。余情后详。

四月十一日 ◎致义丰廷 河南新野县中山街

义丰廷惠生仁兄大鉴:迳启者,日前接来云翰,敬悉一切。蒙要之货,小号无不欢迎。情因今年羊皮昂涨,比去岁倍二故耳。皮金亦得增涨。今特报连四大砖金每百张价洋四十八元,二号净黄砖金每百张洋三十二元。祈兄见信斟酌,如合售者来信示知,小号速发不误。余情后详。

四月十一日 ◎致益隆祥 镇江西门外交

益隆祥宝号台鉴:启者,前呈明片,谅该投前早到否? 所有发货迟期一层,情因羊皮缺乏之故,内情谅台高明早洞悉矣。今小号与台交晋邮局发上货一件,随附上发票一纸,至祈查收。再者,祈台号见草着邮局交款提货,实为交商之便。祈台号将货收到,万望提高价出售为要。刻下所造之货按血本计算,小皮金之价以(已)合六十元,后首添货价洋六十元。祈台早为之计耳。此次发货不多,只能暂应门市。后首补发不误。余情后详。

四月十四日 ◎致德盛正 片

德盛正宝号台鉴:敬复者,前接尊信均悉,并发来之金皮一包,业已收妥,祈勿锦念。再者,所有包皮,若有顺人速为捎去不误。余情后详。

四月十四日 ◎致三盛郁 片

三盛郁宝号大鉴：敬复者，顷接来函谕均悉，并发来之金皮照信收妥，祈勿锦念。再者，台号发来之货甚为不佳，张页太小。祈台见草，后首发货拣选好点为要，千万不要厚皮，台号前发来之厚皮甚不合用，与台暂为存放。余事后详。

四月十五日 ◎致东君

怀珍老东君台鉴：敬启者，兹因东君申号返里，一路平安到家否，亦未见来信，甚念。再报号中生意不佳，银根甚紧，祈老东君设法兑来款千元是盼，以济号中需用。号中之事有弟等照看，不必挂念。余情后详。

四月十五日 ◎致三泰和

希之乡兄台鉴：厚交不套，剪浮直陈。敬启者，前呈之函谅该投前早到否？今祁文源兄来小号云，与兄台添货一层，小号遵命随交祁文源与兄发上，内附有发票一纸，至祈查收。尊账结欠小号大洋一百零三元二毛。祈兄台将货收妥，万望提高价出售，情因金皮缺乏、昂涨之故耳。内情谅台高明,早洞悉矣。望兄将货收妥,蒙兄之光将款兑来,以济小号急需。论理本[不]敢如此,情因小号购金皮现款交易,祈兄原谅。余情后详。

四月十七日 ◎致益泰元 常州南大街

益泰元宝号台鉴:迳启者,顷接尊信,均悉一切。蒙要之货,今小号交晋邮局与台号发上,随附上发票一纸,至祈查收,请登敝册为盼。祈台将货收妥,万望提高价出售。刻下与台所造之货,按照本计算以(已)合六十元,后首发货价定六十元。祈台号见草早为之计耳。再启者,发货迟期一层,情因羊皮昂涨、缺乏之故。内情谅兄明达,早洞悉矣。此次发货不多,暂应门市,后首补发。该款后首若有兑项,再为开兑,另有函报可也。

四月二十一日 ◎致松盛长 河南汝州城内城隍庙内交

松盛长宝号好仁老兄台鉴:迳启者,兹因兄台所添之货,今交邮寄上,随附上发票一纸,至祈查收。祈兄见草着邮局交款提货,实为交商之便。再启者,此次发货不多,暂应门市,后首补发。再报金子之价洋一百三十元，祈兄见草万望提高价出售为要，千万不可贱售为要。祈兄早为之计耳。

四月二十二日 ◎致罗兴泰 上海

欣卿老兄台鉴：启者，今接来信，敬悉一切。蒙要之货，今交晋邮局发上，随附上发票一纸，至祈查收，请登敝册为要。货价一层本不敢违命，情因刻下所造之货，按血本计算，亦近亏本。内中之情不必细陈，谅我兄高明早洞悉矣。此次发货不多，暂应门市，后首造妥补发不误。余情后详。

四月二十三日 ◎致义丰廷 河南新野县中山街

惠生卿兄大人台鉴：启者，顷接尊信，聆悉。蒙要之货今交邮发上，净黄砖金一百张，三十二合洋三十二元，又计邮局等费洋五毛，二共合洋三十二元五毛。祈兄见信着邮局交款提货，实系交商之便。再报连四大砖金前日售罄，刻无现货，后首造妥，照发不误。祈兄将货收妥，万望提高价出售为要，千万不可贱售。后首羊皮金有增无落，祈兄早为之计耳。余情后详。

四月二十三日 ◎致新太记 福州南台观井路三十九号

新太记宝号台鉴：敬启者,前呈之函,谅该投前早到否？今又接来朵云,敬悉一切。蒙询问小条金之价,刻下每千张实价六十元。祈台见草斟酌,如合售者,来信示知,小号速发不误。余情后详。

四月二十三日 ◎致义隆祥 镇江西门外大街

义隆祥宝号台鉴：启者,顷接手谕,敬悉一切。并蒙赐下之款,业已照数收妥,祈勿锦念。蒙要之货,速为做造。刻下小皮金之价,每千张实价六十元。前信亦以(已)详明,谅台高明早洞悉矣。祈台见草斟酌,如合售者,来信示知,小号照发不误。余情后详。

四月二十三日 ◎致三盛郁 片

三盛郁宝号台鉴：前呈明片,谅该投前早到否？并兑来之款洋三十元,业已照数付兑,祈入敝册为盼。后首兑款,不可如此甚急。余事后详。

四月二十六日 ◎致三盛郁 片(此信未走)[①]

三盛郁宝号台鉴：启者,前呈明片,谅该早到否？日前兑来之款如数交付,祈勿远念。惟前者发来之皮四百张,成色甚为不佳,张页太小。而且今年之皮完全□萤,如罗底一样,实无法使用。祈台号见草斟酌,如后首发皮照前次之皮样子,暂为不可发来,情因实无法使用。再者小号与宝号多年老交,不可厚而比薄也。再者前发来之厚皮甚不合用,与宝号暂为存放。祈台号见草斟酌,赐一回音为盼。余情后详。

注：

①此信未走：原注。疑当时羊皮紧缺，信写好后恐影响彼此关系，故未
发出。

四月二十八日 ◎致义兴升 镇江

润生仁兄大人阁下台鉴：迳启者，日前接来尊片，敬悉一切。蒙要之
货，今小号交晋邮局与台号发上，随附上发票一纸，至祈查收，请登敝册为
要。货价一层，本不敢违命，情因羊皮缺乏、昂涨之故。内情不必细陈，谅
我兄明达早洞悉矣。祈兄将货收妥，万望抬高价出售为要。后首皮金有增
无落，祈兄早为之计耳。货款一层，后首遇有兑项再为开兑，另有函报。余
情后详。

四月二十九日 ◎致万祥发 汉口

万祥发宝号列位先生台鉴：敬启者，顷接朵云，敬悉一切。并蒙赐下之
款照数收妥，祈勿锦念。今小号又交晋邮局与宝号发上货一件，随附上发
票一纸，至祈查收为要。后首将货造妥，照发不误。余事后述。

五月初五日 ◎致义隆祥

义隆祥大宝号台鉴：启者，日前连接手谕二支，敬悉一切。并责备小号
未速发货一层，情因前次与台号所造之货，按血本计算每千小皮金亏本十
元；情因小号前次冒（贸）然投信价定五十元，不得不遵前价，就是亏本此亦
奈何耳。再启者，小号将货发上，随报亦有信音。后首添货，每千张价洋六
十元。如合售者，来信示知，小号照发不误。再者据宝号云，前所定之货一
层，亦无将款兑来，何能说将货定妥？祈台号见草裁酌，海涵原谅。如货价

六十元合售者，来信示知，小号速发不误。如台号若照前价，小号亏本甚
多，不能销售。再启者，现在生意以（已）在争竞之际，小号分外妄图余利，
决（绝）对不敢，恐防前途有碍。想台号明达，内中苦情早洞悉矣。余事
后述。

五月初七日 ◎致三盛郁 片

三盛郁宝号台鉴：启者，兹因今着公永应发来之皮三百张业已收妥，惟
前次发来之皮四百张成色甚为不佳，而前（且）张页很小。再宝号今年做出

之皮，完全流萤，如罗底一样，实无法使用。再者敝与宝号多年老交，不可厚而役薄也。余事后详。

五月初七日 ◎ 致德兴公 片

德兴公宝号台鉴：启者，顷接尊信，敬悉一切。并发来之皮业已收讫，祈勿锦念。恐台远念，特此书达。

五月初七日 ◎ 致三泰和 樊城 片

希之乡兄大人台鉴：启者，前呈之函并发上之货，想该早到否？亦未见来信，甚念。再启者，情因小号用款甚急，祈兄见草速为将欠小号之款，着邮局兑来，以济急需为要。一切见光之处，醒后见面泥谢为祷。余事后详。

"三泰和"名片

五月初七日 ◎ 致松盛长 河南汝州城内城隍庙内

松盛长宝号好仁老兄台鉴：启者，前呈之函并发上之货想该早到否？亦未见来信，甚念。如兄若未将货收到，速向邮局询问，交款提货。将货收妥，恳赐玉音为盼。余情后详。

五月初八日 ◎致老忠兴 镇江西门外天主街交

老忠兴玉臣老兄台鉴：迳启者，前接尊片，敬悉一切。蒙要之货，今交晋邮局与宝号发上，随附上发票一纸，至祈查收，请登敝册为要。祈兄将货收妥，万望提高价出售。后首皮金有增无落，祈兄早为之计耳。将货收妥，赐一回音为盼。余事后详。

五月十二日 ◎致义兴升 镇江

润生我哥大人阁下台鉴：启者，前呈之函并发上之货，谅该早收妥否？今小号开上兑票永合顺通行洋一百二十元整，仰恳不日见票迟三五日交付为盼，勿误为要，以济小号急需。再报，后首皮金有增无落，祈兄早为之计耳。将款交给之后，赐一回音为盼，以免远念矣。余情后详。

五月十二日 ◎致老忠兴 镇江

玉臣我哥台鉴：启者，前呈之函并发上之货，谅快收妥否？今小号开上兑票永合顺通行洋一百元整，仰恳不日见票，迟三五日交付为盼。如存款不足，祈兄代垫一步，以济小号之急，则感大德无涯矣。再报皮金之价有增无落，祈兄早为计耳。将款交给之后，赐一回音为盼，以免远念矣。余事后详。

五月十二日 ◎致裕兴泰 常州

修甫我哥台鉴：厚交不套，剪浮直陈。启者，今小号开上兑票永合顺通行洋一百元整，仰恳不日见票，迟三五日交付为盼。如存款不足，祈兄代垫一步，以济小号困苦，则感大德无涯矣。再报皮金后首造妥，与兄发上一件。将款交给之后，赐一回音为盼。余情后详。

五月十二日 ◎致益泰元 常州

益泰元宝号台鉴：启者，兹因小号兑收到敝处永合顺通行洋一百元整，与伊立有天字三号凭票一纸。该号将要转使贵处，祈宝号迟三五日交付为盼，勿误为要。将款交给之后赐一回音为盼，以免远念矣。再报刻下小皮金之价六十元，如宝号合售者，来信示知，小号速发不误。余事后详。

五月十五日 ◎致东君 华县①

怀珍老东君台鉴：上月十五日呈上一函，谅该早收妥否？敬启者，情因号内生意平常，就是银根甚紧。祈东君若能兑来款千元，以济号内需用是盼。号内之事不必挂念,有弟等照看。余事后详。

注:

①信稿中夹条:陕西华州西关积金和收转纸坊头村何相汉收。

五月十五日 ◎ 致 义隆祥 镇江

义隆祥宝号台鉴:启者,日前接来尊信,内云领悉。货价一层本不敢违命,情因小号报小皮金六十元整方能使资本不亏。小号已觉满意,分外渔利决(绝)对不敢,恐于前途有碍。现在苏、申、常、镇①各友代销处均一例定价六十元,决(绝)不敢有二,恐负交友之意。诸翁向来精明,定能谅解此理。再者,蒙要之货今开工做造,造妥之时速交邮与台发上不误,另有函报。余事后述。

注:

①苏、申、常、镇:即苏州、上海、常州、镇江,是该号苏庄金重点销售地域,又多为山西人所开商号代销,故一再强调"不敢有二"。

五月十五日 ◎致义丰廷 河南新野县中山街交

惠生卿兄大人台鉴：启者，查上月十一日、二十三日，发上之货与信想该早到否，亦未见来信，甚念。祈兄若未收到，速催邮局询问，交款提货。着邮局代收款，实为交通便利。祈兄见草速赐回音为盼。余事后详。

五月二十日 ◎致罗兴泰 上海 信

欣卿仁兄大人阁下台鉴：敬启者，日前接来尊谕，内云尽悉。货价一节本不敢违命，情因维持血本关系，谅我兄明达早洞悉矣。今小号补发上货一件，随附上发票一纸，至祈查收，请登敝册为要。将货收妥，赐一回音为盼。再报皮金后首有增无落，祈兄早为之计耳。余情后详。

五月二十日 ◎致协盛丰 成都西东大街门牌七号（附：协盛字号信）

协盛丰宝号台览：久未函候，深以为念。启者，日前接来尊谕，敬悉一切。蒙台与小号推广生意，小号无不感激。情因今年皮金原料昂涨不已，故耳（而）皮金亦增价也。今特报川庄皮金每千张实价大洋五十五元。祈台见草斟酌，如合售者来信详明，小号速发不误。再启者，小号今年购买金、皮，均是现款交易，与往年不通（同）。如台若能售者，将款着邮局兑来大洋千元并（或）数百元，或着中国银行转兑交郑州中国银行亦可，将票寄来。小号速将货汇上不误。余事后详。

附：协盛丰回信
天昌久宝号何怀珍仁兄大鉴：启者，台驾返梓，不觉数月余。兹近维起

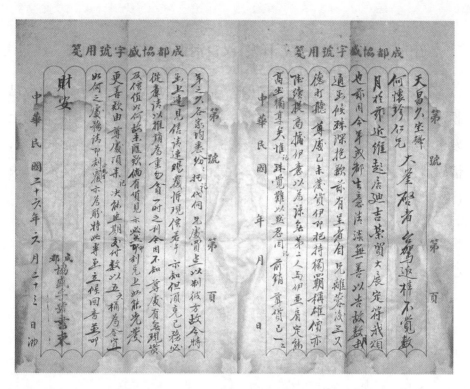

居迪吉，荣贸大展，定符我颂也。兹因今年成都生意清淡，无善以告，故数月未通函候，殊深抱歉。兹有呈者，自兄离蓉后，三义德打听尊处已未发货，伊即把持，独霸称雄，价亦陆续提高。据伊意以为谅无第二人与伊并肩，定能高坐独享矣。惟记殊觉难以默忍。因记前销尊货已一二年之久，各家均悉，纷纷托记代向兄处买点，以制彼方。故今特函上达，见信请速赐复，将现价若干示知。但须克己，务必从廉，请以推销为重，勿贪一时之利。今因不知尊处有无现货，及价值如何，故未汇款。倘有货见示，必然即刻兑上。如能先发更善。款由尊处顶来，记决能照期交付。数以五六桶为合宜。如何之处，务请即刻由航复示为盼。特此专函，立候回音。并叩

　财安

　　　　　　　成都协盛字号①书柬

　　　　　　　民国二十六年六月二十三日渤

注：

①在天昌久信函中，均为"协盛丰"，但此复信却未带"丰"字。

五月二十一日◎致万祥发 汉口河街小王家巷对面交

万祥发宝号大鉴：启者，日前接来尊谕，敬悉一切。并蒙所赐之款业已收妥，祈勿锦念。又蒙添货一层，今小号交晋邮局与台号发上一件，随附上发票一纸，至祈查收为盼。接台号云，擦黄金减价一节，小号本不敢违命，情因前接之价只能维持血本不亏。小号以（已）觉满意，分外妄图渔利，决（绝）对不敢，谅台高明早洞悉矣。余事后详。

五月二十八日◎致义隆祥

义隆祥宝号台鉴：启者，前呈之函，谅台早阅矣。今小号交晋城邮局与宝号寄上货一件，随附上发票一纸，至祈查收。祈台号着邮局交款提货，实为交商之便。再启者，祈宝号将货收妥，万望提高价出售为要。后首羊皮金有增无落，祈宝号早为之计耳。余事后述。

五月二十八日 ◎致义丰廷 李兄信

惠生卿兄台鉴：蒙兑还货款，业已照数收妥，请勿锦念。特此奉知。

六月初一日 ◎致信远号 北京①

信远号宝号台鉴：启者，兹因小号今兑收到敝处永合顺通行洋四十八元五毛，与伊立有天字七号凭票一张。该号将票转使到平，祈宝号见票迟三二日照交为盼。交给之后，赐一回音。再启者，后首羊皮金有增无落，祈宝号见草若有存货，万望抬高价出售为要。再报刻下黄皮金每百张十五元。余事后详。

注：

①北京：民国时，于1928年6月20日改北京为北平市。但此信用"北京"，表明民间有混用者。

六月初一日 ◎致三盛郁

三盛郁宝号德仁老兄台鉴：敬启者，日前接来尊谕，敬悉一切。蒙发来金皮三百张，业已收妥，祈勿锦念。再有货款，后首遇有兑项，与宝号兑去不误，另有函报。所有前次之包皮，着牛德泉与台捎上，至祈查收为盼。余事后叙。

六月初三日 ◎致益泰元

益泰元宝号台览：启者，顷接大章，敬悉一切。照付兑款，感甚。蒙要之货，因按血本计算价增涨六十元。内中苦情，小号前信亦以（已）报明，谅台早洞悉矣。情因价大,小号不敢冒(贸)然从事,故未遵命发上。祈台见草斟酌,如货价六十元合售者,来信示知,小号速发不误。立候回音为盼。余事后详。

六月初三日 ◎致德盛正

德盛正宝号台鉴:启者,情因前次蒙兄发来之皮亦未使用,今日将台号之皮用了一二百张,成色甚不合用,而前(且)张页太小,内中每一把有向(像)猫皮之样二十五个。似台号如此大价,问这样的皮小号做造货物该卖何价? 况前(且)咱二家多年老交,台号如此实不合交商之道也。余事后述。

六月初三日 ◎致裕兴泰 常州

修甫仁兄台鉴:启者,顷接尊谕,敬悉一切。多蒙垫付兑款,不胜感激之至。今小号交晋城邮局与台发上货一件,随附上发票一纸,至祈查收,请登敝册是荷。祈兄将货收妥,万望提高价出售为要。后首羊皮金有增无落,情因今年羊皮被羊(洋)庄不论价大小收尽之故耳。内情谅台早洞悉矣。将货收妥,便中一提可也。余事后叙。

六月初五日◎致义兴升 镇江

润生仁兄大人阁下台览:启者,顷接尊片,敬悉一切。多蒙照付兑款,不胜感激之至。蒙询问货价,刻下每千张仍是六十元。看起(此)情形,后首有增之故(兆),刻闻羊(洋)庄着手收买羊皮之故耳。此不过预料,后首增涨另有函报可也。此请台安。

六月初八日◎致义隆祥

义隆祥宝号台鉴:启者,前呈之函并发上货一件,谅快收妥否?今又连接得尊章二支,内云敬悉。多蒙台号所添大皮金两千张、小皮金八千[张]。小号遵命,速为加工赶造。造妥之时,速交邮与台寄上不误。再启者,刻闻洋庄着手收买羊皮,不论价洋贵贱。敝号看起(此)情形,后首恐防还有增价之意,此不过预料,后首增涨,敝号另有函报可也。

六月初八日◎致三泰和 湖北樊城后街

希之乡兄台鉴:启者,日前接来尊谕,敬悉一切。蒙兄所要之货,弟随交付祁文源先生与兄寄上。刻已二月之久,想快收妥否?谅不得有误。再者,邮局途中之误,亦是有得。弟接兄尊谕,随时询问祁文源兄着邮局查问,恐防邮局路途之误。弟甚念。祈兄将货收妥,蒙兄之光将款兑来为要,以济敝号急需为盼。一切见光之处,后首泥谢为祷。再报咱处天雨落透,秋苗很好;麦子收成不佳,每亩大概约三四斗之谱。刻下粮价,麦一元一毛,米九毛八分。余事后详。

六月十一日 ◎致万祥发

万祥发宝号台览:启者,日前接来尊示,敬悉一切。蒙赐之款今已收妥,祈勿锦念。所有添货一层,造成之时,随后寄上不误。再启者,拜托宝号劳神,与敝号在贵处代购买来顶高鱼鳔五十斤,速交邮寄来为要,以济需用。货款一层,祈台号暂与小号代垫一步,后首寄奉货物再为结算可也。余事后详。

六月十一日 ◎致怀珍东君

怀珍东君台鉴:启者,五月十五日呈上一函,谅快早收妥否? 再报号内生意平常,就是银根甚紧。晋城天雨落透,秋苗很好。刻下粮价麦子一元一毛、小米一元大洋,易另(零)三千八百。别言不叙。

六月十一日 ◎致泰顺永 安徽省亳县爬子巷

泰顺永宝号台鉴:久未函候,深以为念。启者,日前接来尊谕,敬悉一切。蒙询及货价一层,甚慰。刻下银条金每千张洋三十五元,八折金十六元五毛。祈台见草斟酌,如合售者,将款着邮局兑来,敝号将货寄上不误。余事后详。

六月十一日 ◎致大奎、孝德

大奎、孝德二兄台鉴：久未见面，温念殊深。启者，再报号内生意略见起色，生活少许有点，如二兄将家中之事调停办妥，亦可来号做活为要。再报晋城天雨落透，秋苗很好。麦子一元一毛，米一元。余只（则）面论。

六月十六日 ◎致义隆祥 镇江

义隆祥宝号台鉴：启者，前呈之函，谅该投前早阅矣。蒙台所要之货，今敝号交晋城邮局与台发上货一件，随附上发票一纸，至祈查收。祈台速向贵处邮局交款提货为要。下余之货，后首造妥速发不误。余事后详。

六月十八日 ◎致罗兴泰 上海

欣卿仁兄先生阁下台鉴：启者，日前接来尊信，敬悉一切。兑款一层，礼（理）不应当，乃因敝号购买金皮非现款不成。无奈特恳鼎力资助，以济急需。种种恩惠，莫（没）齿难忘也。今敝号开有兑票，永合顺国币洋一百五十元整。仰恳不日见票，迟五日交付为盼为感。将款交给之后，赐一回音，以免远念矣。余事后详。

六月十八日 ◎致罗鸿泰 上海

辑五仁兄台鉴：久未函候，深以为念。启者，兹因敝号今兑收到敝处永合顺国币洋五十元，与伊立有天字九号凭票一纸，该号将票转使到申。祈兄见票迟一二日照交为要，以济敝号急需。再报，刻下小皮金价洋六十元，如宝号合售者，来信示知，敝号照发不误。祈兄将款交给之后，便中一提为盼，以免远念矣。余事后详。

六月二十二
日 ◎ 致万祥发 汉
口河街小王家巷对
面 寄

万祥发宝号台
鉴：启者，前呈之函，
谅该投前早到否？今
敝号交晋邮局与宝号
寄上汉庄皮金一件，
随附上清单一纸，至
祈查收，请登敝册。
祈宝号将货收到，赐
一回音为盼。再者，
所托宝号劳神与敝号
代购买来顶高鱼鳔五
十斤，购妥速交邮局
寄来为要。余事后祥
（详）。

六月二十二日 ◎致益泰元 江苏省常州府城内

益泰元宝号台览：启者，前接手谕，敬悉。所添货一节，小号今交晋邮局发上货一件，内有发单一纸，至祈查收，登入敝册为要。祈宝号将货收到，速赐回音为盼。货款邮局代收亦可也。余事再详。

六月二十五日 ◎致豫昌号 江苏省六合县前街交

豫昌大宝号列位执事先生台鉴：启者，顷接尊片，敬悉一切。蒙台所要之货，今敝号遵命，交晋城邮局与台号发上小皮金四百张，六合洋二十四元，又计邮局皮布等费洋五毛，二共总计洋二十四元五毛。祈台见草速向贵处邮局交款取货，实为交商之便。将款交给之后，便中一提为盼。如台后首添货，来信示知，敝号遵命照发不误。余事再详。

六月二十八日 ◎致万祥发 汉口 片

万祥发宝号台鉴：启者，前呈之函并发上货一件，谅快投前早到否？今又接来尊谕，敬悉一切。蒙台分神购来之鱼鳔二件，业已收讫，祈勿锦念。再有货物造成，后首陆续交邮发上不误。余事后详。

七月初一日 ◎致三泰和 湖北樊城

希之乡兄钧鉴：启者，日前接来尊谕，敬悉一切。蒙兄着邮兑来洋五十元，业已收讫，祈勿锦念。再报刻下皮金之价，绵净黄金三十元，西净黄金二十八元，擦黄五十元。看起（此）情形，皮金后首有增无落，祈兄见草早为计耳。再报咱处天雨落透，秋苗长的（得）十分茂盛，刻下粮价小米八毛四分，麦一元零五分。余情后叙。子俊拜。

七月初一日 ◎ 致德盛正

德盛正宝号台鉴：启者，日前接来尊谕，敬悉一切。情因台号前次发来之皮，内中有许多白猫皮样子，一半。并非敝号所说谎言，想台明达内情，早洞悉矣。况前（且）咱二家多年老交，不可厚而此与薄也。今敝号着牛德泉与敝号代兑，交台号通行洋二百元整。祈台号将款收到，与敝号开一收条，着牛德泉捎来为盼。余情后叙。

七月初一日 ◎ 致三盛郁

三盛郁德仁老兄台鉴：启者，日前接来尊谕，敬悉一切。敝号所欠尊款，今着牛德泉与敝号代兑，交台号通行洋二百元整。祈台号将款收到，与敝号开一收条为要，着牛德泉捎来为盼，以免远念矣。余情后叙。

七月初七日 ◎ 致万祥发 汉口

万祥发宝号钧鉴：启者，前呈明片，谅该台阅矣。今敝号又交晋城邮局与台寄上货一件，随附上发票一纸，至祈查收，请登敝册是荷。余事后叙。

七月十二日 ◎ 致万祥发 汉口

万祥发宝号台鉴：前呈之函并发上之货谅快收妥否？今又接来尊信，颔悉一切。蒙添黄皮金五百张，今已交邮与台号寄上，随附上发票一纸，至祈查收，请登敝册为要。余事后详。

七月十五日 ◎ 致忠义成 陕西耀县

忠义成台览：日前接奉手谕敬悉，并附来票洋照信收讫。今蒙添货，当即配就一千张邮上，现下实价每千计洋五十元正（整），敝号代垫邮费等洋一元，后日再为揭（结）算。

七月十五日 ◎致信远号 北平

信远号:前蒙添之货,当即配就,待以后交通便利,急为寄奉不误。又,前敝号所开兑票,因交通之故后即返回①。该款恳乞以后交邮兑下,兑费等项概有敝号担任可也。

注:

①1937年7月29日,即阴历六月二十二日,北平沦陷。故所开兑票返回。

七月十八日 ◎致东君

怀珍东君台鉴:启者,前六月十一日呈上一函,谅台早阅矣。再报号内生意平常,今半共打生活四十作,现在收秋暂为停作,而前(且)外面事(时)足(局)不定,故而不敢多做生活,祈东君若能设法兑些款来方好。现在生意褴褛,实难求利也。

七月十八日 ◎致德兴公 片

德兴公宝号台鉴:启者,兹因前次委兑樊、克信之款四十元,今已照数寄过,祈台与敝收账为要。再启者,台号前发来之皮,暂为存放,不知何价,未有使用。今台兑来之款,敝若不付,恐完友谊之交,而前兑款不来信音,甚为远念,后首千祈不可如此也。

七月十八日 ◎ **致益泰元 片**

益泰元宝号台鉴：启者，前六月二十日寄呈函并发上货一件，谅该早到否？今又接来尊片，敬悉一切。云货未到，想是途中之误。祈台将货收妥，便中一提可也。该款后首遇有兑项，与台号兑上，另有函报可也。

七月二十日 ◎ **致义隆祥**

义隆祥台览：前呈之货，知早投到，该款亦早收讫，望祈勿念。今又寄呈货一件，随附上发票一纸，至祈如前提货。其余之货，后日造就再寄不误。货到之日，并祈提价出售。后日之货，因羊皮缺乏之故，恐有增无落，特先报闻，祈早为之备可也。

七月二十五日 ◎ **致豫昌号 江苏六合县前街**

豫昌宝号台鉴：前呈之货，知早投前收妥。该款亦早收讫，祈勿锦念。再启者，如台后首添货，来信示知，敝号速发不误。余言后叙。

七月二十六日 ◎致万祥发 汉口河街小王家巷对面

万祥发宝号诸大执事先生台览：今接手谕敬悉，并蒙附来邮款照信收讫，请勿锦念为感。再，又邮上货四千张，计洋六十元。望货到之时，祈提价出售。因时下正值秋忙之际，又兼无皮之故，暂为停止工作，俟秋毕后再为开张可也。余事后详。

七月二十六日 ◎致林恒兴 汉口龙王庙河街四官殿口

林恒兴宝号诸大执事先生台览：今接手字欣悉种种，多蒙照顾，甚是感激。缘现下无皮无货，难以应命，只能俟之异日可也，并祈原谅为幸。余事后述。

七月二十八日 ◎致老忠兴 镇江西门外天主街交

老忠兴玉臣我兄大人台鉴：久未函候，渴念良甚。启者，弟前者回里稍住，今已返号。咱处安靖,雨水调匀,麦季虽然歉收,秋苗甚是兴旺,必有丰收之望。(夏)粮价二十三元,秋粮十元之谱。知关在念,特此报闻,仰祈勿念为幸。再,敝号今因生意清淡,周转不灵,甚是困苦,不得已而今开上兑票永合顺二百元整。不日见票,恳求迟五日照付,以济燃眉之急。种种恩惠,铭感五内矣。再蒙添货者,随时赐知为感。余事后叙。

七月二十八日 ◎致裕兴泰 常州

修甫我兄大人台鉴:久未通候,深以为念。启者,弟因前者回里稍住,今以(已)返号。又报咱处安靖如常,雨水调和,麦季虽然不佳,秋苗甚旺,可望有良好结果。现下(夏)粮价二十三元,秋粮十元之谱。知关在念,特此报闻,均祈勿念是幸。在(再)报敝号时下生意萧条,周转不易,甚是窘迫,无奈特恳鼎力提携,则感大德无涯矣。今开上兑票永合顺洋一百五十元正(整),见票迟五日付款为感。后蒙添货者,随时赐知是盼。余事后述。

七月二十八日 ◎致益泰元 常州

益泰元诸大执事先生台览:前呈明片,谅早收阅。现值敝处银根奇紧,需用款项再(在)急,今敝号开上兑票永合顺洋一百二十元整,望恳见票迟五日交付无讹。后蒙添货者,祈随时赐知。种种分神,容后再谢。

八月十五日 ◎致万祥发 汉口河街小王家巷对面 片(附:万祥发信)

万祥发列位执事先生如见:前奉手谕,敬悉种种,并蒙汇下之款如命照收,请勿记念是幸。再有货物,以后皮来即为赶造,随时照发,决不延误。余事后述。此祝节安!

附:万祥发复信

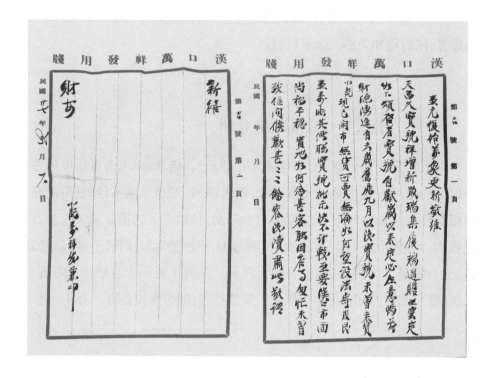

一元复始,万象更新,敬维

天昌久宝号:祥增新岁,瑞集履端,遥赡五云,定如下颂。启者,宝号自献岁以来,定必生意畅茂,财源涌进。自去岁旧历九月以后,宝号未曾来货①。小记现已开市,无货可卖。无论如何望设法寄皮银一万张,其价听宝号批示,决不计较,至要。汉口市面尚称平稳,贵地如何,念甚。客触因店事匆忙,未曾致信问候,歉甚。余容后渎。肃此敬请

　　　新禧

　　　　　　小记万祥发兼叩

　　财安

　　　　　　　　　　民国二十七年二月六日

注：

①由于皮缺之故，自上年九月之后，天昌久已经很少做汉庄金，万祥发的信也说明了这一点。

八月十五日◎致益泰元 常州钟楼大街 片

列位执事先生台览：前呈之函，谅早台阅。另有兑票一纸，仰祈见票，恳即照付，勿延为感。事后再祈赐示，以免在念。再添货者亦请示明。此祝节安！

八月十五日◎致老忠兴 镇江 片

玉臣我兄如握：前呈一函，谅早收阅。另有兑票一纸，仰祈见票照付，万恳勿延，是为至感。事后请即赐示，以免在念。因敝号均在怀念之中，故再致函报闻。余事后叙。此祝节安！

八月十五日◎致裕兴泰 常州 片

修甫我兄如握：前奉手谕，敬悉种种。所兑之款，未蒙金诺，因此号中均甚焦急万分，束手无策。如票尚未返回者，再恳依先照付，以拯敝号于火水之中。又且信票返回，敝号责任甚大，持票之人定来敝号交涉一番，赔偿彼损失。如票未返回者幸甚。此次仰祈兄允以后兑款先函商酌可也。

八月十七日◎致义隆祥 镇江西门外大街

义隆祥台览：蒙汇之货款，今已如数收讫，请辞锦注是幸。前蒙定之货，尚未寄足，其数还余四千张，不敢冒昧寄上，今特奉函请示。定妥该货是否照寄，祈即赐示，以便遵行可也。

八月十八日 ◎致信远号 北平花市大街

信远号诸公大人台览：顷奉手函，敬悉一切，并蒙掷下货款收明，请勿锦念为幸。再，前承定之货尚有四百张，未敢冒昧照寄，今特奉字请示裁夺。后货是否急寄，望祈来示提明，以便遵行可也。余事再函。

八月十八日 ◎致希之 湖北樊城后街三泰和内

希之仁兄大人台览：久疏函候，渴念良深。启者，咱处平靖如旧，雨水甚多，秋收大受损失。各行生意清淡，银根奇紧。惟尊处货款恳求鼎力赐下，以济眉下之急，则感盛德矣。余事后述。

八月十八日 ◎致东君

东君台览：启者，前七月十八日呈一函，谅台早阅。今又接来尊谕，敬悉一切。再报号内生意清淡，各行无事。号内往来南方主顾，均来有信云，现惟中日战事，敌方飞机空袭，所致人心更慌，百业停滞，而皮金生意亦落千丈。祈东君知悉。

八月十九日 ◎ **致罗鸿泰 上海 片**

辑五我兄大人台览：久疏拜候，念甚。启者，弟前者返里稍住，咱处安靖如常，雨水甚多，麦季不佳，秋甚好，堪以告慰，望祈勿念。再，今恳拣选上水镜代边，时(式)样好点眼镜一付(副)，价约二元余，祈装一匣交邮寄来。共洋多少，祈入敝册，便信一提。再蒙添货者，亦望示知。

八月十九日 ◎ **致三合永 河南南阳中山南街交恒康祥宝号收信收货交**

三合永宝号诸大执事先生台览：顷奉手谕，敬悉种切，并蒙下顾，无任欢迎。所添之货，今如命照数寄上，另有发单一纸，至祈台鉴照章提货。后蒙添货者，乞随时赐知为感。余事后叙。

八月二十二日 ◎ **致三太(泰)和 湖北樊城后街**

希之仁兄大人台览：前上一片，已在途中，今接手谕，敬悉种种。蒙赐之款照收，已入尊册，请勿锦念。兹蒙要山羊皮净黄一节，此货因现下该皮甚缺，故未存货，但前存有绵羊皮货，今邮上一百张，暂应门市。随附上发票一张，至祈台阅。惟货到望提价出售，因时下金子一两一百七十元，后日之货必行增加，仰祈注意为幸。再，咱处情形，前已报闻。余事后叙。

八月二十六日 ◎ **致玉臣**

玉臣兄台览：前今连接二信，敬悉。蒙添货一节，今即配就交邮寄上，至祈检收。又随信附上发单一张，乞台入目，并祈照入敝册为感。

九月初五日 ◎致裕兴泰 常州

修甫台览：前上一函，谅早收阅。兹因敝号前开出兑票一百五十元，由敝处永合顺转使在杭州大东门六克巷震昌泰号。刻接该号来信云，兑票不生效力，暂存在该号，俟办理交涉。敝号闻讯之下警（惊）恐无策，只可再恳我兄见怜，代为设法，方解此危。依弟愚意，求兄分神，急速致函杭州该号，复执原票来常取款，决不再误。不知我兄意下如何？如蒙见允代垫交付，祈急致函该号照行，则弟等感激不尽。后日决（绝）不敢冒昧从事。如有所请，必先函请示。此次之咎，望祈宽宥为幸。万乞裁酌，请示知，以免记念。

九月初五日 ◎致罗兴泰 上海

欣卿兄台览：刻因此地银根奇紧，各行生意极其清淡，因而敝号周转不便，实难维持。今特函恳祈将前者货款由邮局兑下，以济急用，万祈勿却，则感盛德矣。否则由敝号开票兑取亦可，望祈裁夺示知为盼。

九月初五日 ◎致德盛正

德盛正：前接大章均悉，所言及款项一节，本当如命办理以践前约，情因时局关系，生意不畅，又兼宝号之皮太次，甚不合用，至今多数存放。如宝号用款在急者，敝号存有银双料金，托宝号代为出售。现下每千张近五十元之谱，是否相宜，祈即裁夺赐示为盼。再，前托徐某与宝号交洋百元，谅早收讫，请入敝册为感。余事后述。

九月十四日 ◎致三合永 明片

三合永：前奉大札，蒙添之货当即交邮呈上，谅早投到，至今日久未见回执。望祈视字速向贵处邮局提货，以免两误而全信义。事为至要，切切为盼。

九月十九日 ◎致裕兴泰

裕兴太（泰）：前曾二次上函，所陈苦情谅早得悉。惟前开兑票今已返回，亦无奈何，只得赔偿损失与持票之人才算了事。但是该款敝号早已使用，现下因号中极其困难，无法退还。又兼时局关系，数月以来毫无生意，号中开支甚大，实难维持，奈再恳兄台见怜，以解倒悬之危。如蒙见允，请由邮局掷下若干元，号中则感再生之德矣。邮局等［费］乞入敝册，便祈一提。再，此次奉字实觉羞惭之极，事事出于无奈，不得不然，兄台与弟肺腹（腑）之交，定能谅解此意。以上之事，幸勿见笑可也。

九月二十三日 ◎致义隆祥

义隆祥：今接大章敬悉。蒙委寄货一事，今即交邮寄上一件，随附上发单一纸，望祈收阅。货到之时，乞即照章提取为盼。再报，后日如蒙添货者，祈预先赐函，时下敝号尚无存货，均已停工。

九月二十四日 ◎致锦生蔚

锦生蔚台览：顷奉手字敬悉。蒙添之货，本拟照发，情因各货早已升涨，棉（绵）羊皮净黄每百张三十二元，山羊皮每百三十元，敝号现存有棉（绵）羊皮净黄，如合销售者，请即赐知。款项由邮局代收。

九月二十七日 ◎致三盛郁

三盛郁：前接手字敬悉，所委交付各匠工之款理当照办，情因时局关系，敝外省存有许多货款，一时不能兑回，门市极其清闲，实无法筹付。后日敝外款能以设法兑回，即便兑绛，望祈恕迟缓之罪，则感盛德矣。现下敝号存有银双料金，如贵号能以代售者，如此甚便。货价时下每千近五十元之谱，仰祈裁处，祈赐一音为盼。

九月三十日 ◎致罗兴泰

罗兴泰：前上一函，谅早收阅，所陈种种苦衷想已备悉。今困苦情形已达于极点，毫无妙法维持现状。今特开上兑票永合顺一百五十元，仰恳不日见票迟三五日交付，以济窘迫之急，则感盛德无涯矣。后蒙添货者，祈便赐知为感。

九月三十日 ◎致老忠兴

老忠兴台览：前奉手字敬悉。又报此处市面不佳，数月以来毫无生意，因此敝号极为困苦，实无策维持生活，寸步难移。无奈特恳我哥遥为提携，以解倒悬之苦，则莫（没）齿难忘恩惠矣。今特开上兑票永合顺一百元正

（整），望乞不日见票迟三五日交付，实为德便感甚，容后晤面再为泥首。

十月初二日
◎致三泰和

希之台览：今接大章，敬悉。蒙添之货当即寄上一件，另备发单一张，随信附上，至祈台阅。惟净黄现下甚缺，仅寄上百张，并祈提价出售为要。再有，货款恳乞上紧掷下，以济急需，因咱处银根奇紧之故，不得不报，千祈在意为盼。

十月十二日 ◎致罗兴泰 上海

欣卿仁兄大人台览：迳启者，前呈之函，谅早台阅。另有兑票一纸，仰祈见票，恳祈我兄照付勿误为感。今又接来尊谕，内云敬悉。蒙询问货价，刻下每千张仍是六十元，情因羊皮价增无落之故。再有兑款之事，交付之后赐一回音为盼，以免远念。余情后详。

十月十二日 ◎致东君 陕西

怀珍东君台览:久未通信,深已(以)为念。启者,再报号内生意清淡无事,因市(时)局关系,现在号内往来各省主顾均停止添货,咱号早已停作。现在生意困难,银根甚紧,无法可想,亦无奈何耳。祈东君知悉。

十月二十日 ◎致三泰和

希之仁兄台鉴:前上一函,并发上货一件,谅快收到否? 迳启者,惟查尊账,所欠敝号之货款,蒙光买来郑州银行汇票或某字号票兑来为盼。现在邮局兑款,情因市(时)局关系,如果汇来亦不能取款,祈我兄千万不可着邮局汇来为要。再报咱处刻下还算平静,粮价麦七毛,米六毛四分。余言后叙。

十一月初八日 ◎致三泰和 片(附:三泰和信)

希之乡兄大人台鉴:启者,前呈之函,谅该投前早到否? 今又连接尊华翰二支,敬悉一切。据尊云货未收到,恐在途中之误。今弟见挂号回据返回,谅该货兄早收妥否? 蒙兄之光,将款兑来为要,以济急需。再报咱处平静,不必远念。余事后详。

附:三泰和信

天昌久宝号

廷杰[1]仁兄先生雅鉴:迳启者,月之二十四日具上小号信,内并附有郑州邮局汇票一张计洋六十元,此信谅早达台收有示覆来途矣。下余之款,将货脱出,即当兑票可也。实樊于月之二十四日下午被敌机来轰炸,在城外飞机场投下暴(爆)炸弹十余枚,死伤农民男妇四人[2]。经此之惊,乡人更

不敢进城,而生意愈加清淡矣。专此并请

台安

弟王希之谨启
十一月二十六日

注:

①廷杰:即孙廷杰,时为天昌久大掌柜。

②日机首次轰炸樊城的时间,史料记载中有12月25日与28日之别,即阴历十一月二十三日与二十六日。这两个时间与此信所说日期都不同。此信日期为十一月二十六日,与事件发生的时间很近,记载的日期为"二十四日下午",即公历12月26日下午。

十一月初十日◎致义隆祥 镇江西门外 片

义隆祥宝号台鉴:启者,兹蒙汇来之货款,今已如数收讫,请勿锦念是幸。后蒙添货者,祈即赐示为盼,敝号速发不误。余事后详。

十一月初十日◎致信远号 北平①花市大街 片(附:信远号信)

信远号宝号台鉴:启者,日前接来大章,敬悉。委发货一事,敝号随(遂)向敝处邮局询问,因市(时)局关系,对给贵处汇兑寄物全为停顿,待以后交通便利,急为寄奉不误。余事后详。

注:

①北平:日伪政府于1937年10月12日,即民国二十六年阴历九月初九,将北平改为北京后,实际上并未得到中国政府和广大人民的承认,北平的名称在此阶段仍在沿用,此信可见。而在信远号复信中,虽然图章用"北京信达号",而信封仍用"北平信远号缄"。

附:信远号致天昌久信

天昌久宝号台鉴:上月如面接读云章,敬悉各情。惟前次敝要之货,祈台见草速为照发是荷。应希

将寄票上①可以实价书明,以[防]信遗失可查信局。又及言此。益候

冬安

北京信远号书柬

二十六年十一月十日

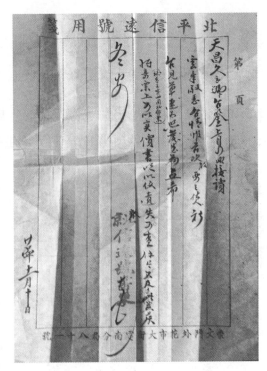

注:

①原信中括注,就是交货时用的那票。

十一月初十日 ◎致老忠兴 镇江 片

玉臣我兄雅鉴:启者,前呈之函谅早收阅,另有兑票一纸,计洋一百元,仰祈兄见票照付为感。至今月余未见回音,敝号均在怀念之中,故特走函报闻耳。报晋地平静。祈兄将前兑票交给之后,便信一提可也。

十一月初十日 ◎致德盛正 绛州

德盛正宝号台鉴:启者,前接尊信,敬悉一切。所言款项一节,本当照交,情因市(时)局关系,生意不畅,又兼宝号之皮太次,甚不合用,至今多数存放。如宝号用款在急,敝号存有银双料金,托宝号代为出售,以付乃款可也。

十一月十一日 ◎致裕兴泰

修甫仁兄台鉴:久未通候,深以为念。启者,上月接来尊谕,敬悉。所云邮局不能汇兑山西款项一节,着敝号由敝处开票兑上。敝号随(遂)询问敝处各钱庄,均云因市(时)局关系,未赴南购货,现在不用兑票,因而延迟月余。情因前兑之票返回,敝号早将款使用。因号中极其困难,无法退还,又兼此处市面不佳,数月以来毫无生意,因此敝号困苦情形已达于极点,无法维持现状。无奈特恳我哥遥为提携,以解倒悬之苦,则莫(没)齿难望(忘)恩惠矣。祈兄着贵处中央或中国银行汇兑交郑州银行大洋二百元,汇费多寡□由敝负担。将款汇出之后将票寄来,敝号可向郑州银行收取可也。如存款不足,祈兄代垫一步。一切劳神见光之处,敝后晤面泥谢可也。船上货□之事,幸勿见笑。事妥赐一玉音为要为盼。后首添货来示告知。余事后详。

十一月十一日 ◎致三泰和 樊城

希之乡兄大人台鉴:前呈明片,已在途中,今又接得尊谕,敬悉种切。所云不能汇兑郑州银行款项一节,祈兄若可汇兑郑州或晋城邮局亦可也。祈兄见草之下,速为兑来为盼。咱处情形,前以(已)详明,余事后述。

十一月三十日 ◎致三泰和 樊城(附:三泰和信)

希之我哥台鉴:今接来信领悉。兑来郑州邮条洋六十一元,照数收妥,祈兄勿念。后蒙添货,来示告知,弟照发不误。

附:三泰和回信
天昌久宝号
廷杰仁兄先生雅鉴:日前奉到还云,已悉一是。知前寄回之郑州邮票已是收到,慰甚。下余之款,因前之存货脱售不出,未能兑上,实乃歉仄。来[年]正[月]稍能脱出一点,即将欠兑上不误。素在莫逆,还望原谅是荷。此地自上月被敌机轰炸机场一次之后,人心更加荒荒(惶惶)矣。兹附

呈贺柬恭颂　　　岁禧
兼候

　　诸乡兄先生年安

　　乡弟王希之脱帽
　　十二月二十六日

十二月初二日 ◎致老忠兴 镇江西门外天主街

　　老忠兴玉臣仁兄大人阁下台鉴：久未拜候，深以为念。启者，前呈信件谅早收阅。前后挽结账目，除收净欠弟号洋三百六十元。均因年关将近，种种开支甚大，银根奇紧，每逢年关困苦情形谅兄高明，早洞悉矣。现在晋地因市(时)局关系，各家均未赴贵处购货，因而兑款不便。祈阁下无论如何赶年内设法，或着贵处邮局汇来大洋二百元，或着贵处中国银行转汇兑交郑州中国银行二百元亦可。将款兑妥，将票甬(寄)来，敝号乃可向郑州银行收取可也。兄台一切见光之处莫(没)齿难忘矣。祈兄台见草之后查对账目，如无舛错，照账挽住，恳赐回音为盼。

十二月初
三日◎致裕兴泰

修甫仁兄台
鉴：启者，前呈之
函，谅兄早阅矣。
所诉种种实情，谅
我兄高明，早洞悉
矣。恳兄鼎力资
助，着贵处中国银
行转汇兑交郑州银
行大洋二百元，不
知汇妥否？亦不见
来信，敝甚为悬
念。如兄若未汇
出，速为汇来，以度
（渡）难关。再启

者，前后挽结账目，除收净欠敝号大洋二百五十二元四毛，照账查对，如无
舛错，照数挽住。恳兄速来回音为盼！余事后述。

十二月初三日 ◎致德盛正

　　德盛正宝号台鉴:前呈明片,谅早收阅。启者,敝号所欠台号之款二百五十元,论理本该早为兑上,乃因今年市(时)局关系,生意不佳,亦无奈何耳。如宝号若要银双料金,来信提明,敝号乃可速着三盛郁朱四老兄与台捎上,如数以归货款。如宝号不愿,只好待市(时)局稍定,明年二月准为兑上不误。祈台见草之后斟酌,如何办理速来回音为盼!

附录

Fulu

天长久与晋城皮金

乔 欣

清代和民国时,山西晋城有一种享誉全国的产品叫皮金。它是中国皮金艺人智慧的结晶,代表着我国古代皮金制作的最高水平。晋城皮金几乎垄断了全国的皮金市场,而"天长久"则是其代表性字号之一。

一

何为皮金？今天人们很少有人知道,但说起龙袍,几乎无人不知。古代人们的衣着服饰,其豪华程度恐怕无人能与清朝皇帝相比。皇帝龙袍鞋帽上的龙凤花鸟,金光闪烁,耀眼夺目——那就是用皮金绣成的。

皮金又称羊皮金,是将金箔和羊皮结合起来的一种高超的黄金加工

古代刺绣

工艺。艺人将金子捶成极薄的金箔,再割切成各种规格的长方块,贴在皮革的表皮上,就成了皮金。皮金主要用于刺绣、服饰点缀和制作真金丝线。用皮金刺绣,底层多用羊皮金作衬,色泽艳丽、精美无比,人们称之为皮金绣。除皇帝龙袍上的图案用皮金绣之外,达官贵人、富家子弟也都纷纷选用点缀有皮金的袍褂鞋帽,以炫耀自己的高贵和富有。后来主要用于戏剧中的古装衣服,少数民族的衣衬及童装上所绣的花纹。把皮金裁成长条,以蚕丝作芯线,还可做成真金丝线,用于织造华贵雍容的织金锦缎罗纱。

金箔如果不贴在皮革的表皮上,而是用于其他装饰品,人们称之为正

绣品上点缀的皮金

金。这种金又轻又薄,少用点气一吹,就能飞动起来,故又有飞金之称。其特点是金光闪闪,显得富丽高贵,且不怕烟气,色泽永久不变。这种工艺一问世,立即引起人们的关注和喜爱。"凡色至于金,为人间华美贵重,故人工成箔而后施之"(宋应星《天工开物》)。金箔是我国特种传统工艺品,源于东晋,成熟于南北朝。它是用黄金捶成的薄片,过去"凡金箔每金七分造方寸金一千片,粘铺物面,可盖纵横三尺"(宋应星《天工开物》)。金箔的用途十分广泛,涉及佛教、古典园林、高级建筑、医药保健以及文化事业等各个领域,其中佛像贴金、雕梁画栋贴金、牌匾楹联等装饰用贴金,是金箔最为广泛的用途。把金箔应用于衣着穿戴的装饰,皮金功不可没。它把金箔和

皮革结合得浑然一体,将金箔之美充分表现,丰富了我国的服饰文化。

不言而喻,皮金工艺是金箔广泛利用的延续,同金箔相比出现得自然要晚。明代之前鲜有记载,明时方逐渐多了起来。明末清初的叶梦珠所著《阅世编·内装》载:"旧制:色亦不一,或用浅色,或用素白,或用刺绣,织以羊皮金,缉于下缝,总与衣衫相称而止。"《金瓶梅》中也写到羊皮金:正月初九是潘金莲的生日,她"下着一尺宽海马潮云羊皮金沿边挑线裙子"。由于明代时朝廷力倡节俭,皮金的市场需求并不大。皮金工艺相对金箔而言,工艺要复杂得多,故产地也较为集中。明代时,羊皮金主要出自秦中,即今陕西中部平原地区。《天工开物》载:"秦中造皮金者,硝扩羊皮使最薄,贴金其上,以便剪裁服饰用,皆煌煌至色存焉。"入清之后,晋城成为我国主要皮金产地,而其皮金工艺,正是源自秦中艺人。

秦中艺人来晋城,是有其内在原因的。昔日的皮金工人相传,过去由于科学技术落后,还没有化学分析的知识,生产出来的正金还不够光亮,羊皮金也有缺陷,不能达到令人满意的地步。永不言败的中国人不肯放弃,继续进行探索。陕西的割切金匠人与山东的捶金匠人结合起来,共同研究,在一个地方失败了,就再迁往另一个地方试验。地域气候的差异也许与皮金的质量有着直接关系,到了清初,终于瓜熟蒂落,皮金工艺在晋城落地生根,走向了成熟阶段。还有一种说法,经过明末动乱,流落他乡的秦、鲁金匠,入清之后重新组织起来,与山西的皮草艺人、丝绸艺人相结合,落脚晋城,重操旧业。晋城的皮金生产,是秦、鲁、晋艺人智慧的结晶。如果从当时的背景考虑,这种说法更有道理。晋城悠久的手工业传统、泽州商人队伍的强大,以及地域优势、销售优势、劳动力优势,均颇具诱惑力。尤其是山西传统的皮草工艺,更是皮金生产必不可少的技艺。晋城很早就有皮硝坊,明清时涌现出一批以制皮为业的著名字号。同时,皮金与丝绸业的生产和销售也密不可分。明清时泽、潞地区是我国北方的丝绸织造中心,明代时泽州高平县和潞州长治县所产潞绸"机杼斗巧,织作纯丽,衣被天下",与杭锻、蜀锦齐名,为朝廷贡品;清代时泽州凤台县(晋城市)和高平县所产双丝泽绸"织工精细,质地优良,色泽鲜艳",是闻名全国、畅销西北的"王府绸";乌绫、手帕、头帕、丝线等丝织品也都颇有名气,行销四方。

绣品上点缀的皮金

据晋城西巷关帝庙内碑记所载,晋城的皮金手工艺生产,始于清康熙年间,距今已有300多年的历史。康熙四年(1665),有陕西割切金匠20余人、山东捶金匠人5人来到晋城,集资组织了一座皮金铺,起名义和永,成为晋城最早的一家皮金字号。康熙六十年(1721),陕西的三家商贾筹集资金,在晋城高薪招聘了16名技术工人,开设了三义功(三义公的前身)皮金铺。乾隆年间,光隆魁等3家皮金铺挂牌开张。嘉庆年间,太吉祥等4家皮金铺隆重开业。

随着人们对皮金的认识,各地对皮金的需求量也在不断增加。晋城到同治年间又增加了天长久等12家皮金铺。到民国时期,晋城的皮金商号发展到27家,有三义公、天长存、天长久、三义德、三怡成、三盛成、桐茂公、协兴永、协义成、万盛永、泰盛德、聚永春、贤永来等,每年可销各种皮金和正金5000万张。全国各地所用的皮金几乎都来自晋城,而苏绣、广绣、蜀绣、湘绣、闽绣等著名绣品,均离不开晋城皮金。皮金还走出国门,销往越南、缅甸、印度等邻国。

二

皮金,其制作极其复杂,工序要求极为严格。

皮金的主要原料是金、银和羊皮。首先要将原材料加工成半成品:把羊皮加工成"皮脸",把金银加工成"页"(叶)。这需要两种性质不同的加工技术,即高超的皮草加工技术和精湛的金银加工技术。能够同时掌握这两种技术的人,可谓凤毛麟角。况且,还需要经过难度更高的贴金、捶金和熏染过程,才能成为真正的皮金产品。正由于技术门槛高,故产地非常集中。

羊皮分绵羊皮与山羊皮,以绵羊皮为佳。绵羊皮质地柔软,粒面平整、细致,故制作皮金以绵羊皮为主。民国二十四年(1935)之后,由于绵羊皮大量出口,价格大涨且货源匮乏,方改用山羊皮。羊皮主要来自于我国西北、西南地区和山西当地。羊皮加工后称为"皮脸"。天长久光绪二十二年(1896)正月《清抄盘货底单》"现存白皮各样皮脸"有:绵羊白皮、西本白皮、绵西南净高连四皮脸、绵西南净高双料皮脸、绵净高条金皮脸、绵大黄金皮脸、双银双料皮脸、双银条金皮脸、银连四皮脸、八折皮脸。皮脸的规格不同,与皮金品种相匹配。如净黄皮脸,长26.7厘米,宽13.3厘米;大黄金皮脸,长23.3厘米,宽8.3厘米。这类档次较高的皮脸,用的是上等羊皮,剩下边角料再加工成档次较低的皮脸。笔者见到一种皮脸,薄如绵纸,长17.8厘米,宽8.3厘米,背面略粗,颜色发白,正面光滑,涂有黄色的东西。让人怎么也不会想到是皮制品。有的皮脸不是一整块,而是由二到三块黏合而成。皮脸的成本也各不相同,如光绪二十六年(1900)"现存白皮各样皮脸"中,每千张成本以银子计价,绵净黄连四皮脸十二两,绵净高双料皮脸八两,绵大黄金皮脸六两,绵净高条金皮脸四两,双银条金皮脸三两,银毛娃皮脸一两五钱。皮

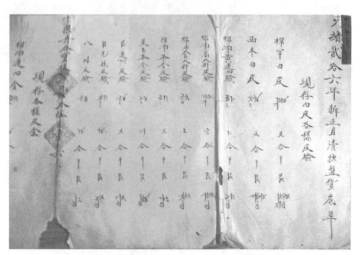

清抄单中的"现存各样皮脸"

脸的制作,有浸水、去肉、脱脂、脱毛、浸碱、膨胀、脱灰、软化、浸酸、鞣制、削

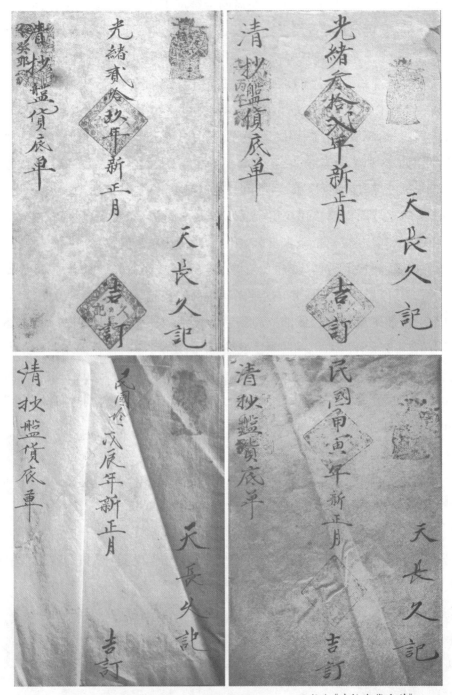

天长久《清抄盘货底单》

匀、复鞣、中和、染色、加油、干燥、整理、切割等二十多道工序，达到粒面平紧细实、手感滑爽细腻、张页薄如绵纸的要求。

　　将金银加工成半成品称之为"金银页（叶）"。而同年"现存各样金银页"亦有净黄页、大黄金高黄页、双黄页、银箔页等13种。"页"（叶），有纯制与混制之区别，叫法也不同。如用纯金做原料制成的，有净黄页、条金页等；用纯金和纯银合制成的有双黄页等；用纯银制的有银连二页、银连四页等。黄金加工成金箔，有十多道工序，主要有铸条、开叶、捶金和割切。铸条是把纯金熔化成液体后倒入槽内冷却，即成金条。开叶是把金条用长方形小铁锤捶锻，每一两的金条，可捶约两寸正方形的金叶104片。捶金俗称上石头，是把开好的叶装入乌金纸里，放在特制的大石头上，用状如僧帽的大铁锤捶。先用小乌金纸由一人捶，再用大乌金纸由两人捶，每面约捶300多下，翻来覆去十几次方捶成。捶金工序十分重要，直接关系到金箔的质量。《天工开物》载："凡金箔每金七分造方寸金一千片，粘铺物面，可盖纵横三尺。凡造金箔，既成薄片后，包入乌金纸内，竭力挥椎打成。"割切是将捶成比纸还薄的金箔，用光滑的竹片夹的刀子，按照要求切成规格不同的长方形小块，装入纸内。这就成了行内人所说的"金页"。割切的难度很大。《天工开物》载："凡纸内打成箔后，先用硝熟猫皮绷急为小方板，又铺线香灰撒墁皮上，取出乌金纸内箔，覆于其上，钝刀界画成方寸，口中屏息，手执轻杖，唾湿而挑起，夹于小纸之中。"

　　当然，"皮脸"和"金银页（叶）"都是半成品，还需要经过贴金、捯金和熏染。贴金是将捶成的金箔，贴在绵羊皮的表面上。金箔薄如蝉翼，见风而飘，用手无法拿起。贴金时，需要把金箔夹在毛边纸中，配以专业的镊子夹起，轻轻地把金箔的一面贴在皮脸表面。皮脸上涂有用鱼膘等物制作的黏合剂，黏合时用嘴轻轻吹拂，使金箔平展。这时的皮金还不够光亮，只有经过捯金才能变为商品。捯金是对皮金的修饰，是将贴好的皮金，放于梨木板上，用玛瑙石挨次紧压一遍，皮金立时光亮夺目。皮金以纯正的黄金色为主，但因含金量不同，自然要产生色差，含金量高的发黄，低的偏红，而银制的发白。这样还需要经过熏染。熏染时要用精心配制的"药料"。客观讲，"皮脸"制作的皮革技术和"金页（叶）"生产的捶金技术分布广泛，并无机密可言。如金箔是我国一种古老工艺，山东、陕西、江苏、北京、四川、甘肃等地均有金铺加工，即使在山西，除晋城之外，临汾、绛县、平遥、太谷等地也有金箔生产。对于皮金而言，只有贴金、揿金和熏染才是核心技术。因此，贴金、揿金工人的待遇在皮金加工诸工种中最高。皮金匠人由于靠技术吃饭，对特殊技术严格保密，从不轻易传授给外人。皮金商号的财东为了技术垄断，对技术保护更是要求严格。为防"泄密"，对本号的工人也实行住地分宿，吃饭分灶，工作分坊。故掌握核心技术的人很少。直到抗日战争时期，皮金艺人流落他乡，另谋生路，技术也随之扩散。日军占领晋城后，留在当地的揿金工人甚缺，有的字号只好临时雇用，以件计酬，千张皮金的报酬高达十五元，几乎相当于战前银制皮金的全部成本。

在皮金的加工过程中，辅料是必不可少的。在天长久历年《清抄盘货底单》"现存各样材料"以及协义成《流水大账》中，常有栀子、梧楛、鱼鳔、麻纸、绵纸、切边纸、毛头纸、乌金纸、火硝、木炭等物。乌金纸则用于制作金、银箔时的垫铺，是揿金时离不开的材料。天长久主要从宁波等地进货。麻纸、绵纸等各类纸张主要是作为包装所用，火硝乃扩皮所用，均为当地特产。在辅料中，栀子、梧楛、鱼鳔的应用至关重要，当时亦为金铺少数人掌握。栀子在古代常作为黄色染料，用栀子浸液可以直接染织物成鲜艳的黄色。《汉官仪》记："染园出栀、茜，供染御服。"汉马王堆出土的染织品的黄色就是以栀子染色获得的。栀子在古代还作为赤金末用。《雷公炮炙论》："凡使栀子，先去皮须了，取仁，以甘草水浸一宿，漉出焙干，捣筛如赤金末用。"栀子的进货主要由广州商号代购。梧楛即五倍子，古代除入药外，还为皮工所用。《本草纲目》："五倍子，皮工造为百药煎，以染皂色，大为时用。"五倍子主要从药铺买入。鱼鳔胶俗称黄鱼胶，黄色的鳔通过加工处理后制得的胶料。其主要成分是生胶质，黏度很高，胶凝强度超过一般动物胶，对物体的黏合作用特别好。鱼鳔的进货主要由汉口商号代购。

皮金行除了技术性强之外，所需周转金很大。所以并不是一般人都可开皮金商号的。天长久民国壬戌年（1922）正月《清抄盘货底单》中，现存各样皮脸、皮金、金银页、材料，以及外欠内账等，"总共合宝银一万零三百四十三两一钱九分"。民国政府"废两改元"前，皮金商号是以银子来结算的。按照最低生活标准,晚清民国时二十两银子够三口之家温饱。可知万两白银是个不小的数字。在周转金中,外欠账所占资金很大。光绪年间一般在八九百两,但到民国时外欠户和外欠金额急剧上升,有的年份高达万两。如,民国甲子年(1924),外欠内账63家,"共欠宝银六千一百三十七两八钱二分"。民国壬戌年(1922),外欠内账"总共合宝银一万零三百四十三两一钱九分",而内存外账仅"宝银二千九百七十八两一钱五分"。原料需要现款交易,产品多是代销,代销商销货之后才付款。故商号常常为周转金而犯愁,这在天长久的信函中明显可以看出。

三

皮金行收入是相当可观的。珪山东顶原有金殿一座,是仿武当山金殿所修,就是由金行捐金重修的。清雍正二年(1724)《重修东顶金殿》碑记:

"重修东顶金殿一座,继者金妆,乃南关金行商贾、秦晋人等,各发善念,捐金督理。殿宇告竣,显耀圣境,仿佛太和武当之形胜也。金殿初则创……康熙丙戌(1706)仲夏,至今拾数余载,复有重金宫殿。亦乃又新,又在于国朝雍正甲辰季秋。"珪山现存碑碣记载,"南关金行"还于清康熙二十年、二十七年、三十二年、四十三年,"各奉碧金、料工",妆饰圣像。其中二十年"施妆金一十三箱五千"。说明金铺的实力是很强的。清乾隆《凤台县志》中记载了一个烈女:"郭桂寰妻任氏,

心经营成其业计每日所得工值足可资生诸子相次夫存日习金行生理托所亲谋於金行取捶金至家殡郭桂寰妻任氏年二十六夫亡子幼至贫不能自存念故提学以节并松筠赐之额岁饥氏举家染於疫氏悲恸而绝计守节三十三年前尝並日一食鹑衣百结见者莫不酸楚乾隆四十四年家手指所积为子婆妇生孙而辛苦备甚两目几失明十指为糊口资无何夫又亡竭力葬夫家愈贫往依母饰奉汤药姑死无以为殓变其宅以葬姑儾屋而居以

《凤台县志》关于任氏的记载

年二十六亡夫，夫亡子幼，至贫，不能自存。念故夫存日，习金行生理，托所亲谋于金行，取捶金，殚心经营，成其业，计每日所得工值足可资生，诸子相次成立。守节五十三年，前县以'幽贞必发'表其门。"一个年轻时丧夫的寡妇，由于"托所亲谋于金行"，而养活了一家人。那么，东家的收入更是可想而知。

晋城皮金生产规模最大的是三义公，所用工人一百多人。三义公的前身是三义功。三义功因经营不善而濒临倒闭时，被三原人王树仁、祁县人王士奇与华州人董某合资并购，易名三义公。根据晋城手工业史料记载，三义公到王

· 268 · 晋城县志

了第一座皮金铺"义和永"，因缺乏资金，所得仅能维持生活。康熙六十年（1722年），陕西3家商贾筹集资金，在晋城收留了流散工人16名，开设了"三义功"皮金铺，"义和永"随之倒闭。到乾隆年间又新开设"兴隆魁"等3家，嘉庆年间又增加"太吉祥"等4家，同治年间又有"天昌久"等12家皮金铺相继开业。几经发展，到30年代，晋城的皮金生产达到鼎盛时期，有皮金铺27家。因27家皮金行都集聚黄华街，所以当时黄花街又叫做"皮金街"。27家皮金行中，以"三义功"最负盛名，它有200余年历史，100余名工人，店主为陕西三原人王德厚。据查，晋城皮金兴盛时期每年可销售各种皮金720万张，各种正金4200万张。1938年，日军进犯晋城后，皮金生产日趋衰落，到1943年，因锤金工匠流离失所而停止。1945年，晋城解放后，薛忠其、郭宝乐、宋建业、郭国建等20多名锤金工人在高运魁的带动下，组织起来，恢复了皮金生产。因当时金子缺乏，便以银代金。当时年产银质皮金11万张，销路看好。但此时的皮金生产已附属于皮革业，主要用于皮子装饰。1952年11月，东关"协力魁"皮坊改组为晋城皮毛生产合作社。1955年9月，皮毛生产合作社和黄华街皮革生产组合并。1956年皮毛、皮革、毛连、制毡4个生产合作社合并，称"皮革社"。1957年，中共山西省委书记陶鲁笳到晋城皮革社视察后，指示所需原料

《晋城县志》关于皮金的记载

老四（王树仁的第四子）掌舵时，每年仅在广州市场上销售大黄金即可获利银子七千两以上。晚清时总资产达十八万两，平时用于周转的"护本银子"三万两。民国时每年纯利约二万元。

皮金的品种很多，利润点不尽相同。关于皮金的品种，"天长久"光绪十年（1884）正月《清抄盘货单》中"现存各样皮金"有：净连四金、净双料金、净条金、高连四金、高双料金、高条金、双黄双料金、双条金、双连二金、大黄金、银连四金、银双料金、银条金、银连二金、毛娃金、八折金等19种。光绪二十九年（1903）正月《清抄盘货单》中"现存各样皮金"有：绵净连四金、绵净双料金、绵净条金、绵高连四金、绵高双料金、绵大黄金、双黄双料金、双黄条金、银连四金、银双料金、银条金、银连二金、银毛娃金、银八折金、银连二当、八折当等18种。光绪三十三年（1907）正月《清抄盘货单》中"现存各样皮金"有：绵净连四金、绵净双料金、净条金、绵高双料金、大黄金、双黄双料金、双黄条金、银连四金、银双料金、银条金、银连二金、毛娃金、八折金、赤飞金、绵净连当、银连四当、银连二当、毛娃当、八折当等21种。在其他年

份的清单中,也出现一些新的品种。皮金的品种,因有金子纯制、银子纯制与金、银混制之区别,绵羊皮与山羊皮之差异,规格大小之差别以及走向不同,叫法也就各异。故以走向不同分为广庄金、苏庄金、汉庄金、川庄金;以规格大小之差别分为大皮金与小皮金;以颜色之别分为黄皮金、白皮金;以皮材料不同分为绵羊皮金、山羊皮金;以金银含量之差异分为净条金、大黄金、双黄金、银双料金等品种。

金铺的皮金成本,从天长久的盘货清单中可以看出。民国庚申年(1920)"现存各样皮金"中有20个品种,成本不一,其中,绵净连四金每千张五十两银子,绵净双料金三十五两,绵净条金十七两五钱,绵高双料金二十五两,大黄金十八两,双黄双料金十三两,双黄条金六两五钱,银连四金十三两,银双料金九两,银连二金五两,毛娃金二两。可知皮金档次的悬殊。绵净连四金、绵净双料金等品种成本最高,是一般品种的数倍。绵高双料金、大黄金、绵净条金等品种属于中等偏上的品种。而以银制作的皮金成本就要低得多,属于低档品种。总的来讲,越是高品质品种,利润点也越大。以大黄金为例,每千张成本价十八两银子,但在广州市场上可销五十

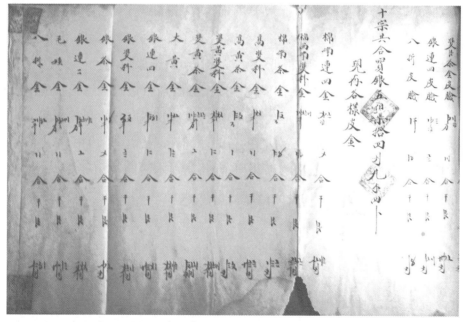

清抄单中的"现存各样皮金"

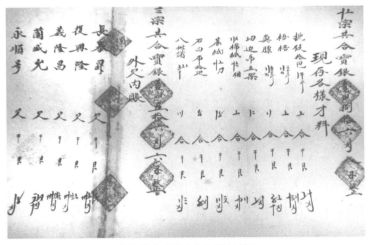

清抄单中的"现存各样材料"

两银子。天长久仅民国九年（1920）年底大黄金存货四万一千二百五十三张可卖两千零六十二两六钱五分，除去成本七百四十二两八钱八分，净利一千三百一十九两七钱七分，利润高达177%。

到二十世纪三十年代中叶，由于时局不稳，黄金大幅涨价，而羊皮又由于大量出口，洋庄不分贵贱统收之，致使羊皮价格暴涨且货源奇缺，皮金成本大增。加之皮金铺的竞争，利润自然下降。这在天长久的信函中明显可以看出。天长久民国二十三年（1934）"现存各样皮金"，其中净双料金每千张成本价一百六十元，在江浙市场上可销到二百二十元，有37.5%的利润空间；双黄双料金每千张成本价六十八元，在广州市场上可销到九十元，有32%的利润空间。但是当时经济状况普遍不好，高中档皮金销路不畅，主要以生产低档产品为主，利润很低。如银双料金每千张成本价三十元，在汉口市场上销到三十五元，仅有17%左右的利润空间；银八金每千张成本价九元，在成都市场上销到九元八毛至十元，仅有10%左右的利润空间。当然，这只是皮金商号批发给代销商的价码。同民国十九年（1930）年之前相比，利润是大幅减少的，天长久所说"仅能维持血本而已"并不为过。况且，由于羊皮短缺，只能间断性生产，自然开支要大。

四

晋城皮金销售的地域很广，几乎遍及大半个中国。但销售的重点地区还是在丝绸业和传统刺绣业比较发达的地方。清代时，江浙地区是各商号争夺的焦点,因为皮金除用于刺绣外,还被加工成真金丝线,用于织造高档次丝绸品种。民国年间苏地的金匠改革了金线的制法,把捶成的金箔贴在特制的竹纸上,裁成一分的长条,以此做金线,顶替了用皮金做成的金线。民国十年(1921)之前,晋城皮金商号也加工部分金线,销往苏地,之后则很少生产。天长久《清抄盘货单》中,金线生产的最后年份是民国十二年(1923)。江浙地区虽然不再用皮金制作金线,但刺绣却离不开皮金,仍然是晋城皮金的重要销售地。不过正因如此,各皮金字号都加大了向其他地区拓展市场的力度,并且根据各地用户的需要开拓新产品。

晋城皮金销售的区域,都有相对比较固定的品种。如江、浙、申、皖一带用的是苏庄金,上海、苏州、常州、镇江、南京、杭州为集中销售地;川、渝等西南地区用的是川庄金,成都为集中销售地;闽、粤等东南地区用的是广庄金(福建有时也用苏庄金),广州、福州为集中销售地;两湖等中南地区用的是汉庄金,汉口为集中销售地。故《信底账》中发往这些地方的皮金就是以广庄金、苏庄金、汉庄金、川庄金来称,而发往华北、西北等地区的则以净黄金、双料金等具体品种,以及大皮金、小皮金之规格大小而名。苏、广、汉、川四大系列品种的差别是很大的,如苏庄金主要以净黄皮金为主。这种皮金金子所占比重很大,纯金占90%,银子占10%,就是人们所说的"真金皮金"。闽、粤一带畅销的皮金主要是大黄金。它是金银混合而成,每万张约需金子五两半,银子七两半,需上等绵羊皮六百五十张。两湖地区主要有双黄金、银连四金等品种,成本低于苏庄、广庄金。川庄金则以纯银制成的银连二斗金为主,万张用银子五六两,次羊皮

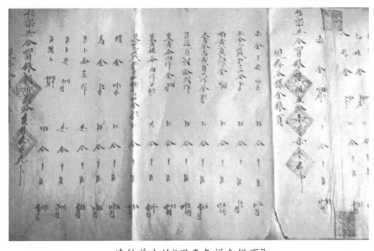

清抄单中的"现存各样金银页"

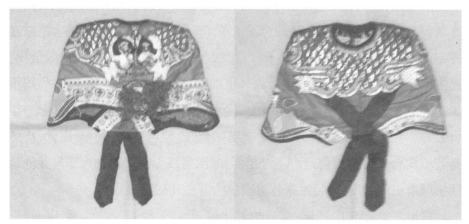
童帽上点缀的皮金

六百张,其成本在各庄中最低。后来又大量生产银八金,千张成本只有九元。各皮金商号一般都有自己相对固定的市场。皮金商号虽然成立有行会组织,以协调各商号之间的关系,但也并不能真正解决问题。广州的市场原是晋城泰顺兴皮金商号独占,后来却几乎成为三义公的天下,清光绪年间在广州年销大黄金三十余万张。民国时期,天长久占领了广州相当的市场份额,因此与三义公发生了矛盾。在保存到现在的信件底稿中,天长久的产品销售区域主要有广东、福建、上海、江苏、湖北、四川、北京、内蒙古、安徽、陕西、河南、山西等地,涉及数十个城市。皮金的销售,各商号采取的方式不一。三义公由于实力强,因此专门在广东、江苏、浙江、四川等主要销售地设立分号,坐庄销售。如在成都投资两千两银子,设立分号永义公,专售川庄金。在西南拓开市场之后,又陆续往永义公注资十五万元,选派心腹夥友徐某负责经营。而天长久的方法不同,主要是在各地寻找合作伙伴,依托代销商销售。从天长久《信底账》中可以看出,在各地都有比较牢固的关系。如:

上海:罗兴泰、罗鸿泰;福州:新太记;扬州:恒兴祥、罗兴泰;镇江:合兴盛、老忠兴、义兴升、义隆祥、恒懋巽;苏州:罗兴泰、裕记;常州:裕兴泰、义兴升、益泰元;汉口:万祥发、协余鼎、义和号、林恒兴;广州:百义通;成都:义庆生、协盛丰;徐州:恒昌和;北平:信远号;郑州:百义通;济源:三兴太;新野:义丰廷;谷城:义盛永;绥远:德顺源;包头:协德利;许昌:协兴玉;华州:忠义成;宿州:恒隆协;樊城:三泰和;禹州:豫益永;温县:玉兴永;太谷:锦生蔚;汝州:松盛长;亳县:泰顺号;南京六合:豫昌号;耀州:忠义成;南阳:恒康祥等。

天长久在选择合作伙伴时,有两个特点:一是山西老乡所开,如上海的罗兴泰、罗鸿泰,常州的裕兴泰,镇江的老忠兴,樊城的三泰和等。二是在当地信誉度颇高的商号。在与天长久商业往来较多的商号中,有不少是当地乃至全国的著名字号。如,罗兴泰、罗鸿泰:我国著名的钻石商行,可谓是我国钻石业的始祖。二家为山西绛州罗氏兄弟分别经营,生意十分红火。罗兴泰不仅在上海,而且在北京繁华的前门大街设有钻石店(专卖店开业于清朝嘉庆年间),

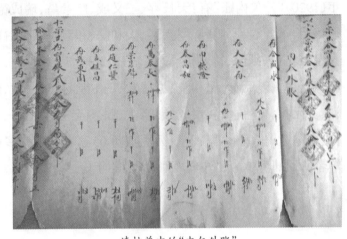

清抄单中的"内欠外账"

在西安商贾云集的南院门开有分店,在苏州、扬州等地也都非常出名。新太记:福州著名的百货商行。《福州市志》载,清光绪三十四年(1908)前后,已有新太记,是福州"较大的百货商号",为欧阳绩的父亲欧阳瑛所经营。义隆祥、老忠兴、合兴盛都是镇江著名字号。《镇江市志》载,镇江民国十九年(1930),"从事批发业务的以义隆祥百货店为最大。"老忠兴则是经营漆业的著名商店。合兴盛曾是李公朴做学徒的地方。裕记:江浙一带开设较早、经营规模较大的绸缎业字号。豫益永:禹州著名字号。《襄汾文史资料》载,为清末民初,山西襄汾丁氏家族新的商家代表丁涵在河南禹州开设的商号。锦生蔚:是太谷著名富商曹氏所开的绸缎庄。这些代销商,不仅在当地凭借自己的良好声誉代销晋城皮金,而且依托自己完善的销售网络,将晋城皮金销往更广的区域。当然,对于代销商也有一个优胜劣汰的筛选过程。如罗兴泰、罗鸿泰,信誉度高,销售量大,双方从晚清到抗日战争前保持了几十年的良好关系。而汉口的义和皮号,虽然也是山西老乡所开,但由于长期拖欠货款,到后来不得不停止供货。

随着业务的拓展,金铺与各商号间的往来也越来越多。这从天长久历年《清抄盘货底单》中可以看出。如,光绪十年(1884)"外欠内账"仅有复兴隆、义隆昌、万兴合、天源永、保和玉、义利正、广德堂等11家,光绪三十年(1904)有三义成、同兴和、益顺昌、协义恒、广泰昌、卫永成、德顺齐、魏济美堂、义隆昌、罗鸿顺、兴泰义、复兴隆等22家。但到民国时大幅增加,民国九年(1920)"外欠内账"有:天长存、三义成、广泰昌、瑞成德、联怡长、恒盛隆、魁兴荣、永合顺、罗鸿顺、罗兴泰、天和昌、和泰裕、广聚祥、恒聚源、永盛兴、福星岐、贵兴纸店、德顺斋、全盛诚、天成钰、广聚和、三义同、鸿聚久、同发恒、济善堂、魁元堂、保和堂、恒德堂、三木堂、何永兴堂、仁记、万泰魁、双兴和、三元和、合盛永、兴泰成、崇德堂、顺兴隆、协义恒、三义公、忠恕堂、中兴仁、文瀚堂、长盛永、三槐堂、万盛成等65家。其中许多都是外地商户。在笔者所见的清单中,"外欠内账"最多的年份达70家。

<h2 style="text-align:center">五</h2>

晋城的皮金生产,从清初到新中国建立初期,保持了三百多年的垄断地位,不得不承认与其经营方式有关。

皮金商号成立伊始,就是以合股的形式出现。初期的义和永、三义功、三义公如此,后来的天长久、三义成、三义德等亦是如此。这种股份制企

童帽上点缀的皮金

业,并非仅仅因为资金所限。晋城当地不乏豪商大贾,独家投资煤窑、铁厂等行业的大有人在,但却无人单独创办皮金商号。其原因正是由于皮金行业的独特性和技术的高壁垒所致。在经营方式上,皮金商号也不断创新,以求企业长盛不衰。天长久就是一个典型

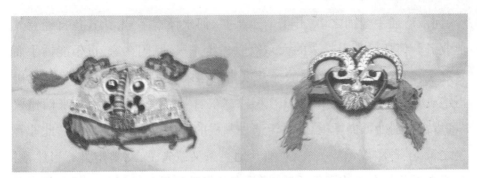

童帽上点缀的皮金

例子。

　　天长久创始于清同治年间,民国十八年(1929)易名天昌久,但在晋城,人们一直称之为天长久。它是由天长存(大东家何姓)、三义公(大东家王姓)孵化出来的,为一家合伙办的股份制企业。皮金商号的孵化功能很强,清同治年后许多皮金商号都是通过鸡生蛋、蛋生鸡的方式成长起来的,彼此之间有着这样那样的亲缘关系。而天长久也是这样,由两家联合打造出来。天长存、三义公都是皮金行经济实力较强、信誉度颇高的老字号,天长存当时有闲置资金,而三义公又有着品牌和销售优势,可谓强强联手。

　　天长久实行所有权与经营权两权分离制度。"东家"与"掌柜"即财东与经理的各自权利和职责是很清楚的。商号的经营权掌握在"掌柜"手中。掌柜有大掌柜、二掌柜、三掌柜之分,大掌柜为总经理,二掌柜、三掌柜为副总经理。行业的特殊性使经理选择的范围相对要窄,一般从技术人员中培养。他们既是技术高手,又是企业经营者。曹日恺为大掌柜时,郭元忠为助手;郭元忠为大掌柜时,孙廷杰为助手;孙廷杰为大掌柜时,田维新、马登昆为助手。就这样采取传帮带的形式,使经理层保持相对稳定。商号高层中有秦中人、晋南人、晋中人和晋城当地人,也可看出财东选人时并非任人唯亲,正在试图走出家族经营的圈子。这也是我国民族工业在艰难起步时的一种有益尝试。

　　财东赋予经理的权力是很大的。"东家"对经营者的工作一般不加干涉,甚至连号内都不去。何国璧为天长久的大东家时,为了不让儿子何怀珍、何淑珍插手金铺之事,开了何永兴堂、何永怀堂字号,让其各自经营其他业务。何怀珍为天长久的大东家时,"少东家"赋闲在家,也不能插手商号之事。"东家"虽然对经理的经营策略有建议权,但错误的建议经理可以拒绝。如,民国二十五年(1936)八月,"东君"何怀珍在成都时,来信建议"将货寄在别处可少货税"。对于这种漏税的做法,掌柜的答复是:"此非万全之策,虽省洋数元甚不放心,前开地点条又遗失了,此举作罢。"当然,财东不是不参与企业的商务活动,而是在掌柜的安排下进行的。如在与成都义庆升发生款项纠纷时,又正是号内"生意不佳,实实困苦"之时。更为担心的是,竞争老对手三义公、三义德准备派徐某入川。四川本是三义公、三义德着力开拓的地盘,徐某一旦入川,极有可能要横插一杠。这样,就必须动用熟悉成都情况的"东君"出面。但是,"皇帝不急太监急","东君"一拖再拖,掌柜一追再追。民国二十五年(1936)三月初一日,在给"怀珍老东君"的信中曰:"迳启者,前呈信一支,谅该东君收到否? 今又接东君来信云,交号内崔玉峰兄赴四川之话,现在崔玉峰在家来有信音,不能脱身赴四川之事。请东君火速赴四川,千万不可推脱,以免耽误咱号用款急需。请东君将家中之事着少东君调停,万望老东君速急赴四川催收账款,速为兑

清抄单中的图章

号，万不可含糊……请东君由家动身之时来一回信，以免号内全体人等远念矣。再者，望老东君赴四川，千千万万不可推脱。"如此关键时期，"东君"却不

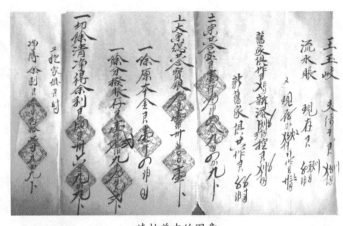

清抄单中的图章

愠不火，让下属再三催促。究其原因，只因掌柜肩上压力甚大。对于这种两权分离的治理结构，民间并不太清楚，故人们认为这是"本末倒置"，甚至把天长久衰落的原因归于何怀珍"把金铺的一切事务委托于他人"之故。客观讲，如果不是两权分离，商号早就倒闭了。这也正是财东的精明之处。

天长久的历任经营者主要有王天昌、王玉岐、段希贤、曹日恺、王森、郭元忠、孙廷杰、田维新、马登昆等人。其生意是由闻喜人曹日恺、晋城人郭元忠当大掌柜时发达起来的。二人先后都是做皮金的高手，培养出一批技术高超的工人，大家同心协力，使天长久的名声和实力一天比一天大起来。曹、郭二人的风格不一样。曹日恺稳扎稳打，任职期间外欠款项很少，商号效益很好。尤其令人佩服的是，他以身作则，从不在商号拖欠款项。前后数任大掌柜，只有他独善其身。郭元忠比较激进，市场开拓力度大，企业发展迅速，但是外欠款项也很大。段希贤是一个不可忽视的人物。他是天长久的老人，从光绪年间到民国十七年（1928），一辈子都在该号服务。这一期间，恰恰是天长久内部稳定、生意兴隆时期。段希贤不仅是业务骨干，并且极有可能在内部关系协调上发挥着重要作用。

在实行两权分立制度的同时，天长久还推行了人力股制度，也称"身股"、"人分股"。这也是晋城皮金行在企业管理机制中最有特色、也最具创造性的制度。商号一般要拿出40%左右的股份激励经营者，俗称"本六人四"。享受"人分股"的经营管理人员，获得了极大的利益激励。他们不仅仅是对财东负责，也是对自己负责，因为自己的利益已经与企业的利益紧

天长久《清抄外欠内单》

紧捆绑在一起。从天长久的信函中不难看出,掌柜们的工作态度都是极其认真的。享受"人分股"待遇的人,除掌柜之外,还有掌握"核心技术"的工人。为了保证企业的"专利"不外泄,商号对特殊技术人员实行高待遇,以便能够留住他们。商号的等级制度非常严格,师傅们不仅工资高,吃饭也是"开小灶",甚至对"全把式"还要送"人分股"。过去一些皮金工人往往抱怨,商号实行"技术封锁",核心技术不让大家知道。其实,对于一个企业来讲,知识产权的保护工作是十分重要的。由于高额利润的吸引,当地和外地"挖墙角"的现象严重。工人跳槽、技术泄密,是财东最担心的事情。推行人力股制度也是形势所迫。晋城皮金行之所以保持了三百多年的垄断地位,与推行人力股制度也有着很大关系。这种制度起到了"双赢"的效果,既使技术人才获得应有的利益回报,安心在本企业工作,又为企业带来了持续稳定的经济效益。无论是站在昨天的角度还是用今天的视角看问题,"人分"股应是促进企业发展的一种行之有效的办法。

在商号利润的分配中,劳动力资本和实物资本是平等的。总股份分为"本分"和"人分"。天长久原"本金宝银"一千四百两,在光绪十一(1885)、十二年(1886)分红后,本金增加到一千七百五十两,其中天长存一千二百五十两,三义公五百两,为"本分";管理、技术人员为"人分"。光绪十三年(1887)正月在十一(1885)、十二年(1886)分红时,是按"人、本分五分八厘"

计算的。光绪二十九年(1903)《清抄盘货单》中,人、本分仍是五分八厘,其中天长存二分五厘,三义公一分,曹日恺五厘,王森二厘,王玉岐九厘,段希贤七厘。天长存、三义公为"本分",曹日恺、王森、王玉岐、段希贤为"人分"。"人分"股份的多少由财东根据职工任职时间、能力、贡献大小来决定,比例不尽相同。曹日恺虽为大掌柜,但资历没有王玉岐、段希贤长,故股份较少。光绪三十一年(1905)股份有了变化,"共人、本分五分一厘,每分该得余利银三百一十九两六钱九分",其中"天长存二分五厘,该得余利银七百九十九两二钱二分;三义公一分,该得余利银三百一十九两六钱九分;曹日恺五厘,该得余利银一百五十九两八钱四分;王森二厘,该得余利银六十三两九钱四分;段希贤九厘,该得余利银二百八十七两七钱二分"。股份中没有了王玉岐。劳力股与实物股不同。实物股一直存在,并可以转让,而劳力股的顶股职工辞退或解雇后,当即终止劳力股,死亡之后可以多享受一次分红,但不能由后人接替。王玉岐就是例子。

天长久每年都要结一次账,每两年分一次红。光绪二十九年(1903)正月《清抄盘货单》中,"余利银玖佰捌拾柒两零叁分",分的是光绪二十七(1901)、二十八年(1902)的红;光绪三十一年(1905)正月《清抄盘货单》中,一切除清"共得余利银一千六百三十两零四钱三分",分的是光绪二十九(1903)、三十年(1904)的红。分红具有很大的欺骗性。仅从账面看,盈利并不高,每年盈利不过数百两银子,但细细一算,绝非如此。刘仁慈《晋城三义公皮金店》:"在结账和分红方面,规定每两年结一次账分一次红。平时以存原料、存成品为主,但在结账时,金银都按原价打对折,其他原料三折两扣,成本也打折扣……这样,扣来扣去,虽按'本六人四'分,实际把利润和盈余的大部分都留在了店里。"天长久也是如此,不仅产品、材料打折,就连外欠款也要打折。如,民国戊午年(1918)外欠内账"五十二宗共合宝银五千五百九十九两六钱八分。七九扣,宝银四千四百二十七两七钱五分"。民国戊辰年(1928)外欠内账"七十宗共合宝银六千五百六十九两七钱九分。六九扣,宝银四千五百三十三两一钱五分"。这样进行折扣,实际上扩大了东家的资本,但同时也体现了经营者的风险意识。往来账款中,难免有一部分死账、坏账,故做账时事先打了折扣。产品销售受市场影响较大,为抵御市场风险,避免企业收入大起大落,故平时加大了企业的积累。这种折扣方式,应是财东和经理的共同决策。

六

晋城皮金业的兴盛,与其信誉密切相关。

晋城皮金行从清初一立足就奠定了信、义二字。西巷关帝庙就是皮金商号共同出资兴建的,也可以说是皮金商号的会馆。关帝庙一进两院,装饰华丽,殿中塑有关公和葛洪(一说葛玄)神像。葛洪是东晋时的炼丹家,被印染、制造颜料的行业尊为祖师爷。葛洪的从祖父葛玄,是东汉时的炼丹家,世俗尊称为太极葛仙翁,亦称葛仙公。旧时七十二行都有祖师爷。被皮金艺人尊为祖师爷的不管是葛洪还是葛玄,总之也有自己的宗师。关公"封金挂印,富贵不能夺其心;取义成仁,威武尤难移其志",被人们视为正义的化身,维百代纲常的英雄。晋商交易,最看重的是信、义,故对关公文化倍加推崇。庙内设有行会组织仙翁会,亦称仙公会,民间又称锤金会。其经费由各商号共同负担。协义成民国三十一年(1942)《日行码账》,先后付会费九十二元五毛。天长久的的账单中也有与关帝庙的往来账目。每逢重大事宜,各商号财东、经理要在关帝庙中共议。皮金商号尽管彼此间竞争激烈,但在产品质量和对外销售上却都十分注重信誉。商号一旦出现背信弃义的事情,不仅会遭到外地客商的唾弃,而且在当地也为人所鄙视。因此,大家自觉以信、义约束自己,共同维护晋城皮金的声誉。

天长久的二股东三义公,从创业之始就把产品质量放在第一位。要求"选料认真,配料准确,尺码严格,加工精细,包装整齐",每一道工序都有专人把关,规格尺码一分一厘都不含糊。因此赢得了极高的声誉,成为晋城皮金行中的领头羊。天长久继承了三义公的优良传统,对质量也是一丝不苟。起其名字,即期盼字号天长地久。其字号图标也是以"天长地久"的寓意来设计。为此,注重质量,"不惜工本,以图久远"(《泽郡天长久信》)。产品很快打出名气,占领了牢固的市场份额。后来,亦有人假冒,为此特别刻制了信章。发货时,在包装箱上盖此信章,以示真货。

　　天长久在客户中的信誉,从其信函中可见一斑。天长久在给汉口义和号的信中写道:"千里交易,最讲信实二字"。两年半时间内,仅有两起发货纠纷。一起是发往汉口万祥发的皮金中,有"花纹之货掺在其间"。商号重申"敝号决不做无信义之事",但为了不伤和气,"疑为工人在装货时之误",并重申"蒙后首要货,敝号详细检查,与台号发下"。一起是给北京信达号的皮金少了六张。六张皮金的价值很低,但为了信誉,及时用信件寄去。从民国二十四年(1935)至民国二十六年(1937),三年中有此错误的仅此两起,可见天长久对产品的把关之严。

　　对于经销商的订货,如果不能即时发货,也要及时通知对方。如民国二十五年(1936)三月二十三日,接到上海罗兴泰的订货信,迟二三天邮去,本来是很正常的事情。但天长久仍然要去函致歉:"蒙兄要,礼(理)当速发,实因今年羊皮甚少,贵贱难买之故,所以敝号用做货工人不多,只能慢慢出货……你我兄弟非一日交情,弟所言不情之语祈兄原谅是荷。"天长久的产品是以批发价而走,但对于经销商的销售价格也常常给出指导性意见。尤其是在原材料上涨时,及时提醒。如民国二十四年(1935)腊月初九给上海罗兴泰的信中云:"现下金子价目飞涨不已,每两一百二十多元。皮金恐开春有增价之议。兄处存货,万不可贱售。"开春果然增价。民国二十五年(1936)二月初五日给郑州百义通的信中云:"现在金子涨价不已,每两一百四十元之谱,兄处宝庄存之皮金万不可贱售。"不几日,金子价又涨到一百五十元,皮金果然也涨价。对于皮金原材料的升降以及晋城各金铺的生产状况,他们远比经销商要清楚,故及时进行提醒。天长久对客户很善于换位思考,这在其信函中明显可以看出。

代销商给天长久的复信

精美的古代刺绣品

正是由于天长久的信誉，博得了经销商的信任。天长久虽然与有的商号发生矛盾，均是因对方拖欠货款而起，并非产品质量所致。天长久后来的衰落，不是倒在产品质量上，而是另有起因。

天长久内部经历了两次重大变故。第一次发生于民国十八年（1929），三义公退出。三义公作为天长久的二股东，后来却与天长久起了冲突。为了争夺广东市场，三义公曾将泰顺兴打败，如今为了自己独霸，又一心想将天长久挤垮，与大股东的矛盾闹得不可开交。后经晋城巨绅王某调停，大股东、二股东各得一万元大洋（银圆），曾经任大掌柜的曹日恺、郭元忠各得大洋三千元。三义公树大根深，在这次较量中明显是获胜者，一万元大洋折合银子七千三百两，相当于投入本金的14.6倍。但是，三义公想让天长久就此消失的企图却没有得逞。大股东何氏并没有让天长久偃旗息鼓，发誓要继续经营下去。他将天长久材料、家具等作价六千元大洋，"移入堆金账内作为资本"，并将天长久改为天昌久。第二次发生于民国二十三年（1934）。这年正月《清抄盘货底单》中标明，股东"何永怀堂二十三年抽原本金洋三千元正。因屡年生意不好，将原本金抽清。与何永怀堂无涉"。三义公退出后，何永怀堂参股进来，但没过几年，何永怀堂也退出了。天长久内部的两次裂变，直接导致了商号实力的削弱。

在股份制企业中，股东之间的关系，及股东与经理间的关系，始终是企业需要解决的头等大事。天长久内部经过的两次重大变故,都是因内部矛盾引起。天长久虽然实行两权分立制度,但是也存在不少问题,尤其是缺少有效的监督和制约机制。财东随意占用企业资金现象十分严重。如民国戊午年(1918),"天长存欠干银1668.79两";

绣品上点缀的皮金

民国庚申年(1920),"天长存欠干银两千一百四十六两二钱";民国癸亥年(1923),"天长存欠干银两千九百零五两七钱,三义公欠干银八百三十九两七钱六分"。财东占用企业资金均超过了投入资本。除此之外,他们还经常以个人名义借款。大东家天长存尤为严重。在经理层中也存在类似问题,如王天昌掌舵时,他与王玉岐各欠银达五百多两。郭元忠、孙廷杰掌舵时亦是如此。如民国壬戌年(1922),"郭元忠,前欠长支银七百六十九两零二分,本年支银八十三两四钱六分;孙廷杰,前欠长支银六百七十六两五钱六分,本年支银七十四两七钱;"民国甲子年(1924),"郭元忠前欠长支银九百二十三两二钱三分,本年支银八十两零一分;孙廷杰前欠长支银八百二十两三钱二分,本年支银八十六两三钱九分"。这种行为,也是企业缺少有效监督所致。三义公与天长久的矛盾,应该由来已久,挤占广州市场只不过是个引爆点。从现有资料看,天长久在清光绪年间就以生产广庄金的"大黄金"为主,有的年份大黄金产量就占到皮金总产量的七八成。三义公发难,可谓是腰病胯治。天长久第二次内部的变故,表面上看是"生意不好",实际上也有可能另有起因。当时,大股东何怀珍已经嗜服鸦片,不能不让其他股东心存戒意。

财东贪图享受、不思进取也是天长久衰落的重要原因。客观讲,三义公和何永怀堂退出,对天长久的周转金造成相当影响,但天长久皮金的品牌价值仍然很高,其销售渠道和所占市场份额并无大碍。问题在于不争气的"东君"沾染了嗜服鸦片的恶习。"东君"的工作能力是不容怀疑的。如在与成都义庆升发生款项纠纷时，号内人已认为追款无望，只能诉诸官府，而何怀珍赴川，轻描淡写地化解了矛盾。但是，吸毒成瘾已经磨灭了自己的锐气。从《信底账》中可以看出，掌柜们是十分为难也很尽心的。在遇到重大事宜时，几次给何发信，何都不予置之。

从外因来讲，政治和经济环境的恶化是天长久倒闭的直接原因。晋城皮金生产的鼎盛时期，从表象上看是20世纪30年代上半叶，皮金商号多，外销量大。但从天长久的资料来看并非如此，中原大战之后却是在走下坡路。客观讲，其黄金时期是在清光绪后期和民国十九年（1930）之前。从《信底账》来看，中原大战之后，天灾人祸，各业萧条，企业的外部环境恶化。皮金铺虽然增多，但"争竞激烈"，繁华的背后是效益下降。天长久的皮金生产是成衰退之势的。民国二十四年（1935）阴历六月十七日，天长久写给上海老客户罗鸿泰的信中说道："此地生意寥寥，日久不见起色，因而号中甚是拮据，又兼银根奇紧，实难维持。"同年七月初四日写给成都客户义庆生的信中说道："生意寥落不堪，甚是困难。又兼银根奇紧，周转不便，不独敝一家如此，各业均属同病，真乃使人可叹。"说明当时各业的状况都不太好，皮金生意同样也不是好做的。三义公把资本转移到成都，想另辟天地，结果血本无归，大东家王惠民也被气死，三义公从此一蹶不振。日军发动侵华战争后，晋城的皮金生产更为萧条。从天长久《信底账》中可以看出，民国二十六年（1937）"七七事变"之后，生意一下跌入低谷。阴历九月十九日在给裕兴泰的信中可以看出，"号中极其困难"，"又兼时局关系，数月以来毫无生意，号中开支甚大，实难维持"。九月三十在给老朋友罗兴泰的信中说道："今困苦情形已达于极点，毫无妙法维持现状。"十月十二日在

绣花鞋上点缀的皮金

给躲在陕西的"东君"何怀珍写信,信中云:"因市(时)局关系,现在号内往来各省主顾均停止添货,咱号早已停作。现在生意困难,银根甚紧,无法可想,亦无奈何耳。"由于时局关系,天长久应收之款无法收回,所欠之账债主追要,需进之材料无法购进,客商所要之货也无法寄出,真是到了"实无策维持生活,寸步难移"的地步。这年年关,成了天长久的"鬼门关"。对于其他金铺而言,未尝不是这样。民国二十七年(1938)日军占领晋城,经历了70年时间的天长久,终于在侵略者的炮火中倒闭了。

七

　　抗日战争时期,晋城的皮金生产几乎是个空白,人们很少提及。从藏家收藏的"协义成"民国三十年(1941)《流水大账》、民国三十一年(1942)《日行码账》中,可以对这一时期的皮金生产有个大概了解。

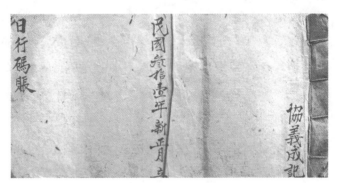

协义成《日行码账》

　　在日军占领晋城期间,皮金商号有的停业,有的迁往乡下生产,大批技术工人流落他乡,整个行业陷入奄奄一息状态。但是从协义成《流水大账》和《日行码账》发现,当时的协义成、泰盛德、协盛魁、德盛永、振顺魁、聚永春、贤永来、信记等字号,仍然在秘密生产。而协义成几乎是这一时期的龙头老大。

　　晋城皮金行中,协义成自然无法与三义公、天长存、天长久相比,只能算个小字辈,但当那些老牌字号倒下后,它却脱颖而出,在抗日战争时期非常活跃。究其原因,与天长久关联极大。协义成向来与天长久关系密切,在抗日战争前,销售皮金往往托天长久代销。天长久倒闭后,部分管理人员和技术人员加盟协义成,就连昔日的大东家何怀珍,也给协义成销开了

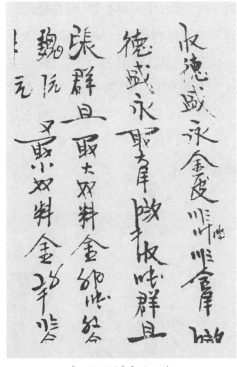

《日行码账》中的记载

货。天长久的家底，包括生产技术、管理经验、客户资源，甚至连旧时的档案资料都转移到了协义成。协义成不仅自己组织生产，还为其他字号代销皮金、代购原料。在协义成手下，有一批冒险往外跑的销售和采购人员。民国三十一年（1942）有：刘忠富、李滋荣、李圪计、牛狗、牛德元、牛明业、郭根戊、郭根成、崔树仁、孙嬗娃、张文秀、徐坤旺、徐软保、裴小水、吕富春、吕成公、王福、魏士秀等。这些跑外人员中，有的销售量很小，以百张计算，但也有的业绩很好，如徐软保，一次就"取银双料三千"，而崔树仁更是大手笔，一次就预交"大洋四千元"，"取双料金六千，八折金三千二百"。

当时的政治和经济环境是非常恶劣的。从"买旅行许可证一个一元，居住证一个一元"，"付绛州路费六十三元"、"付太谷路费洋四百五十二元"、"郭根孩路费四十五元"、"交通兑中央贴水五元"等字眼中可以看出开展业务之难。原材料异常难进，价格很高。如辅料，民国三十年（1941）初每斤鱼鳔十三元、栀子两元、梧棓两元，到民国三十一年（1942）价格成两位数增长，每斤鱼鳔一百六十元、栀子六十元、梧棓五十元。黄金已经很难买到，只能以生产银双料金为主。不言而喻，皮金生产是十分困难的。但由于国统区仍有需要，皮金仍有市场，而皮金的价格也是直线上升。皮金不再以千张计价，而是以张计价。如"收泰盛德大金皮一百张，张价三元四毛"、"张群旦取大双料金五百张，每张三元六毛"之类的记载，可知当时的皮金价格高得惊人。尽管原材料也在涨价，但水涨船高，成品涨价幅度更大。这就是当时一些皮金铺冒着风险仍在组织生产的根本原因。为了不招风,有的金铺以杂货铺为幌子,实际上在背后生产皮金;有的虽为其他店铺,也兼做皮金;有的让工人在乡下分散生产;有的临时组织生产。这些经营活动基本上是在隐蔽状态下进行的,日军到处抢铁抢铜,见了金银如何能不抢? 故对这段历史很少有人提及,甚至不知有的字号是生产皮金的。不用细讲,当时生产极不正常,产量是极为有限的。

民国三十二年(1943)在大饥荒和日军血腥统治的双重压力下,金铺全部停业。大量捶金和皮金工人流落他乡。

民国三十四年(1945),晋城解放后,在高运魁带领下,本地20多名皮金工人组织起来,恢复了皮金生产。因为当时金子缺乏,便以银代金,年产银质皮金十一万张。当时为了使用皮子方便,便附属于皮毛业进行生产。新中国成立后,皮毛业改为皮毛生产合作社,后又与皮革生产组合并为皮革生产合作社。1957年,中共山西省委书记陶鲁笳到晋城皮革社视察后,指示所有原料列入计划供应。从此又开始用黄金生产皮金。人民大会堂山西厅和西藏厅当时就是用晋城皮金做的装饰。1958年,中共华北局书记李雪峰视察皮金生产后,建议扩建厂房,但是,由于得不到珍贵的黄金供应,只能承揽少量来料加工,1971年曾为郑州二七纪念塔翻新装饰时加工皮金。随后,晋城皮金退出了历史舞台。然而,晋城的皮金生产在我国传统手工业史上留下了光辉的一页,至今为人所称道。